Posdata:
DEJARÁS DE
DOLER

YULIBETH R.G

DIOS, EN TI CONFÍO

Salmos 31:14

Posdata:
DEJARÁS DE DOLER

Yulibeth R.G, 2024
Instagram: @yulibethrg28

Edición de texto

Katherine Hoyer

Diagramación

Katherine Hoyer

Ilustraciones

Ray

Diseñador

Katherine Hoyer

Diseño de portada

Katherine Hoyer

Corrección de ortografía

Verónica Verenzuela

Vianny Vergara

ISBN: 9798333261335

La presentación y disposición en conjunto de "Posdata: DEJARÁS DE DOLER", son propiedad del editor. Ninguna parte de esta obra puede ser reproducida o transmitida, mediante ningún sistema o método, electrónico o mecánico, sin consentimiento por escrito del editor.

Para todos aquellos que tuvieron que aprender a caminar con el corazón roto.

PRÓLOGO

Mi nombre es Olivia Miller, y soy una de esas mujeres que, en un momento de su vida, creyó que su matrimonio sería de esos que duran para siempre. Pensaba genuina e ingenuamente que había encontrado a la persona con la cual envejecería. Pero ¿saben qué duele tanto como la muerte de un ser querido? Encontrarse con la realidad de que, el que creíste que era el amor de tu vida, un día aparece y te dice que se va, que no quiere seguir intentándolo porque ya no te ama; que conoció a alguien más.

No sé cómo explicar lo que se siente al escuchar esas palabras; es indescriptible. Lo único que sé es que duele y quema hasta lo más profundo de tu ser. Sientes que has perdido todo, incluso respirar se vuelve imposible. Pierdes el sueño, el apetito y te mueves por el mundo como un *zombie*. Todo pierde su significado.

Quizá se deba a la creencia de ese: «juntos hasta que la muerte los separe», que nos hace aferrarnos a la idea de la promesa de pasar el resto de nuestras vidas con esa persona. Pero hay promesas que solo las cumple una de las partes, y generalmente es la que ama más. Porque sí, a los que amamos demasiado, a los que entregamos todo de nosotros, es a quienes por lo general más nos afecta la ruptura. Y nos duele precisamente por eso: porque amamos demasiado. Y en un punto, esperábamos que nos amaran de la misma manera en que lo hicimos nosotros.

Error. Grave error.

Porque no siempre sucede. No siempre nos darán lo mismo que damos. Y eso está bien, pero el problema está en que, a veces, damos tanto, que al final, cuando nos damos cuenta, hemos entregado todo hasta el punto de quedarnos sin nada.

Al menos, eso fue lo que me sucedió a mí, y quizá a ti también, por eso hoy tienes este libro en tus manos. Pero quiero decirte algo: no puedo prometerte que en estas páginas encuentres la solución a todos tus problemas. Es posible que aquí no encuentres la cura para ese dolor que hoy te consume desde adentro. Porque sí, generalmente cuando nos rompen el corazón, buscamos todo lo que prometa quitarnos ese dolor, y no solo eso, sino que esperamos que lo haga de manera instantánea. Vamos al psicólogo diciéndole: «Me rompieron el corazón, haga su magia y cúreme». O leemos un libro y creemos que ahí encontraremos la solución definitiva, y es que claro, no queremos seguir viviendo con ese dolor incrustado en el pecho, y necesitamos con urgencia que alguien o algo nos lo arranque. Pero no funciona así.

Al intentar sanar de esa forma, le quitamos al dolor su propósito principal en nuestra vida: enseñarnos la lección que nos corresponde aprender. Así que, dejemos de romantizar el proceso de superación de una ruptura. Dejemos de creer que sucederá de la noche a la mañana, porque si pensamos así, ya fracasamos en apenas el inicio del proceso.

Intentar superar a esa persona a la que le entregaste todo, no será un proceso bonito. Hay días en los que te sentirás arriba y otros en lo que sientes que vas en picada. En los que sentirás que más que avanzar, lo único que haces es retroceder, o que estás estancada dándole vueltas a lo mismo una y otra vez.

Es por eso por lo que te repito: en este libro no encontrarás la solución mágica para arrancarte ese dolor, pero te encontrarás con una amiga a la que puedes acudir cada vez que sientas que no puedes lograrlo. A una que no te juzga porque entiende a la perfección lo que estás viviendo. A una amiga que te acompañará en silencio, y en algunas oportunidades, te dirá las palabras que necesitas escuchar para seguir adelante. A una amiga que te llevará de la mano hasta donde tú se lo permitas. Que te acompañará en todo tu proceso, hasta que por fin puedas ser libre de eso que hoy te mantiene prisionera en una cárcel de tristeza.

Porque en este libro te habla una mujer que se enamoró profundamente de su esposo, y después de veinte años de matrimonio, este decidió irse. Una mujer que, para serte honesta, inventó mil remedios para curarse y olvidarse de él, y que cuando se dio cuenta de que era imposible, se dedicó a convertir su dolor en enseñanza, aprendizaje y en un recuerdo bonito de una etapa de su vida. Uno en el que pudiera pensar sin sentir dolor, resentimiento, o alguna pizca de amor. Un recuerdo en el que pudiera pensar sin que le generara náuseas o le saltara el corazón.

Una mujer que lo único que quería después de que su mundo se viniera abajo, era que ese amor dejara de dolerle, y reencontrarse con la parte de ella que se había perdido en el camino, por haber entregado tanto a alguien que al final no permanecería para siempre.

En estas páginas te habla una mujer que, como tú, pensó que no podría seguir adelante, que se sumergía cada noche en un mar de lágrimas hasta que finalmente caía rendida. Una mujer que confundió las migajas que le ofrecían y las llamó amor. Una que quiere transmitirte que sí es posible volver a respirar después de haber estado tan aferrada al aliento de esa persona que, un día decidió soltarnos y arrojarnos a nuestra propia suerte.

Y es que nadie nos enseña qué hacer cuando nuestro plan de vida se desmorona ante nuestros ojos, y no hay nada que podamos hacer al respecto.

Nadie nos enseña a caminar con el corazón roto. A todos nos llega el momento en que tenemos que aprender a hacerlo solos.

Y a ti y a mí, nos llegó ese momento.

Entonces, juntas nos embarcaremos en el viaje de reconstruir lo que otro rompió, transformando esa experiencia en el motor que nos impulse a descubrir la mejor versión de nosotras mismas.

Podemos hacerlo, y vamos a lograrlo.

Cree en mí, porque yo… creo en ti.

Cada final es el comienzo de una nueva oportunidad.
Y este, es el inicio de la mejor etapa de tu vida:
el encuentro contigo misma.

Capítulo 1
EL DÍA QUE MI MUNDO SE DERRUMBÓ

Mi exesposo y yo teníamos veinte años de matrimonio, una hija en común, estabilidad económica y numerosos proyectos a futuro, cuando ocurrió lo que ninguna mujer a sus cuarenta y siete años, espera que ocurra:

—Por favor, no me toques ni me abraces —le dije apartándome de él cuando se acercó a darme un beso al llegar a casa. Su rostro se tornó pálido—. Sabes que ya no hay vuelta atrás. Te dije que no iba a dejar pasar una más. Se acabó.

—¿De qué estás hablando, Olivia? ¿Qué pasa?

Intentó acercarse a mí, pero mi reacción fue alejarme de él como si su contacto me quemara. Y quizá era así. Sentía odio, frustración, dolor, impotencia; todo al mismo tiempo.

—Te dije que no quiero que me toques.

Mis palabras salieron con una firmeza que no reconocía en mí. Quizá era por la rabia que sentía que era más grande que yo, o porque mi corazón ya no soportaba una herida más.

—¿Podemos hablar? Dime, ¿qué sucede?

—¿Puedes parar de fingir? ¿No te parece que ha sido suficiente ya?

Él seguía ahí, con esa expresión de falsa confusión. Como si no pasara nada. Como si de verdad no lo hubiera hecho otra vez.

Era increíble lo cínico que podía llegar a ser.

—Sea lo que sea que te hayan dicho, podemos hablarlo y solucionarlo juntos. Como siempre lo hemos hecho —pronunció él con una serenidad que me golpeó como un puñal en el pecho. Aquellas palabras resonaron en mi interior, recordándome las numerosas ocasiones en las que había creído ciegamente en sus engaños. Durante años, había llamado «solución», al acto insensato de cubrir mis ojos con una venda, negándome a ver la verdad que se ocultaba detrás de su: «Voy a cambiar. No volveré a hacerlo». Él nunca cambiaría.

—¿Puedes ser un hombre y tener las agallas de admitir que tienes una amante? —grité, liberando toda la rabia y el dolor que había contenido durante años. En ese momento, me deshice del papel de esposa sensata y calmada que había adoptado durante tanto tiempo. Le grité por todas las veces que me contuve, por todas las ocasiones en las que creí sus mentiras y reprimí mis propias emociones para proteger nuestro matrimonio. Pero, la realidad era que él había sido el causante de todo ese daño, de destruir lo que construimos, y no solo en ese momento, sino en incontables ocasiones en el pasado.

—Escucha...

—Admítelo —volví a gritar, y su expresión cambió cuando lancé contra el piso, un portarretratos con una foto nuestra.

Se quedó en silencio por unos segundos, que fueron eternos.

—Está bien, sí hay alguien más, pero no es nada serio.

Al escuchar su respuesta, un dolor punzante se apoderó de mi pecho. Cada palabra se repetía en mi cabeza como si tuviera eco. Sentí cómo el suelo se desvanecía bajo mis pies y mi corazón se desgarraba en mil pedazos. Las lágrimas amenazaban con desbordarse, pero me negué a dejarlas salir. Quería mantenerme firme, pero por dentro, me sentía devastada.

El silencio que siguió a su confesión era abrumador. En esos segundos que parecieron una eternidad, me encontré atrapada en una tormenta de emociones contradictorias. Sentí rabia, tristeza, incredulidad y una profunda sensación de traición. Había confiado en él, había creído en sus palabras, y ahora todo se desmoronaba ante mí.

Por un momento, el mundo pareció detenerse, mientras luchaba por encontrar una forma de procesar lo que acababa de escuchar.

—¿No es nada serio y le compraste un departamento?

—No es lo que piensas —dijo con la voz entrecortada, al tiempo que intentaba acercarse a mí, con pasos cautelosos.

—Quiero que te vayas.

—No hagas esto, por favor. De verdad podemos solucionarlo.

—¿Solucionarlo? —bufé con frustración—. Tú no tienes solución, Héctor. —A pesar de mi intento por mantener la compostura, mis palabras se quebraron, y salieron acompañadas por las primeras lágrimas que brotaron como un torrente incontenible—. Yo no estoy haciendo nada, porque al final, el que se encargó de hacer todo esto, fuiste tú solito. Fuiste tú quien se encargó de destruir todo lo que fuimos, y todo aquello que pudimos llegar a ser.

Ese día, tomó una maleta y la llenó con algunas de sus pertenencias, sin saber que también se llevaba consigo todos mis planes, mis sueños y todo lo que alguna vez imaginé que seríamos juntos. Se llevó mi corazón y mi alma en ese equipaje, dejándome con la pregunta de si algún día podría recuperar lo que se había llevado de mí.

¿Qué nos pasó?

Te necesito conmigo

¿Alguna vez me amaste?

¿POR QUÉ?

Todavía te amo

¿y ahora qué hago sin ti?

¿POR QUÉ?

¿No fui suficiente?

¿Te espero o te dejo ir?

Te necesito

Ojalá te hubieses quedado conmigo

vuelve, por favor

¿POR QUÉ?

¿POR QUÉ?

¿y nuestros planes?

¿Qué hago ahora?

¿Qué hice mal?

¿Por qué te fuiste?

¿Qué me faltó?

¡Me extrañarás?

¿Vas a volver?

¡Daría todo por devolver el tiempo!

Te extraño

vuelve, por favor

¿Por qué?

¿Y LAS PROMESAS?

¿Y ahora qué hago con este amor?

¿Por qué?

¿Será que también piensas en mí?

Quédate, por favor

¿Por qué?

¿POR QUÉ?

¿Por qué no me elegiste a mí?

¿Por qué?

Debí haber hecho más

PARA TI RESULTÓ TAN FÁCIL IRTE.

¿Qué tiene ella que no tenga yo?

Cartas al viento

Desde que te fuiste,
he comenzado a escribir cartas al dolor y al olvido.

En cada línea, intento desahogar el peso que siento en el pecho,
tratando de liberar las emociones que me atormentan
desde tu partida.

Al dolor le cuento mis noches de insomnio
y el motivo de mis lágrimas,
buscando entender por qué me dueles tanto.

Al olvido le cuento mis intentos por deshacerme de tu recuerdo,
aunque persistas en cada rincón de mi mente.

Sí, desde que te fuiste, escribo cartas al viento,
y no sé si lo hago para mantener vivo el recuerdo de lo que fuimos
o como un mecanismo de supervivencia
para lidiar con tu ausencia.

Y a veces me pregunto si alguna de estas letras
logrará encontrarte en algún rincón del universo.

Pero sé que, más allá de todo,
estas cartas son un acto de amor hacia mí misma,
una forma de sanar y seguir adelante, porque al hacerlo,
es como si pudiera desprenderme un poco
del peso que llevo dentro.

Porque a través de ellas busco sanar,
encontrar un camino hacia adelante,
dejar atrás todo lo que fuimos,
y abrazar la promesa
de un nuevo comienzo.

Sin querer despertar

Despierto con el peso de tu ausencia aplastándome el pecho.

Cierro los ojos, deseando que todo sea un mal sueño, pero al abrirlos, la cruda realidad me golpea: ya no estás aquí.

Te busco en cada rincón de la casa, pero ya no hay rastros de ti, no hay llamadas tuyas, ni intentos por arreglar lo nuestro.

Las lágrimas se convierten en mi única compañía, mientras el dolor de tu partida se clava en lo más profundo de mi ser.

Y me pregunto...

¿SE PUEDE SEGUIR VIVIENDO CON EL CORAZÓN HECHO PEDAZOS?

Aquello que nunca pude decirte:

Lo más difícil ha sido
tener que aceptar alejarme de ti,
cuando en realidad quería que te quedaras para siempre.

Finjo estar bien, que no me duele el alma
después de verte tirar a la basura todos nuestros planes,
las promesas y los años que compartimos juntos.

Te he llorado como a nadie,
te he llorado al grado de no poder respirar,
por horas y horas hasta quedarme dormida,
y he querido llamarte muchas veces.

Hoy comienzo a entender tantas cosas,
me rompiste en mil pedazos, pero sé que mañana,
es a mí a quien vas a extrañar cuando te veas solo,
cuando te des cuenta de que cambiaste un *para siempre*
por un *quizás*.

Me has herido, y lo has hecho tantas veces, que ahora solo puedo
pedirme perdón a mí misma por haberte otorgado ese poder, y,
sobre todo, por haberlo permitido una y otra vez, creyendo como
una tonta, que algún día cambiarías.

Nunca cambiaste, y nunca lo harás.

Despedidas

No existe despedida más triste,
que aquella para la que no estabas lista.

No existe adiós más doloroso,
que aquel que tienes que decirle
a quien quieres que se quede.

No hay nada más doloroso que tener que dejar ir,
a quien querías que se quedara para siempre.

Tener que dejar ir
y enfrentar cada noche
la disputa entre la mente
y el corazón.

Y que sea el corazón
el que siempre
gane la batalla.

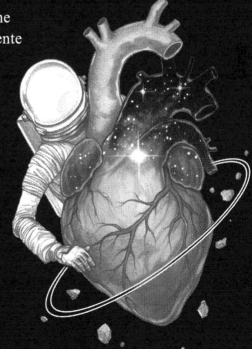

Tu ausencia

Cada mañana despierto
y comienzo a contar los días desde que te fuiste,
como si el simple acto de llevar la cuenta
pudiera traerte de vuelta a mí.

Las horas pesan, como si el tiempo mismo
se negara a avanzar sin ti a mi lado.

No sé si es mi imaginación o si el reloj se ha detenido
desde que te marchaste.

Pero cada *tic tac* parece un recordatorio de tu ausencia
de todo lo que perdimos y de lo que podría haber sido
si tan solo hubiéramos luchado un poco más.

A veces me pregunto si sigues pensando en mí,
si tus pasos algún día, encontrarán el camino
de regreso a casa.

Si despiertas y también sientes el peso de mi ausencia.
¿También me extrañarás como te extraño yo?

Porque sí, sé que soy una idiota por decir esto, pero:
te extraño cada segundo del día.

Aquel domingo

El aroma a café llenaba la casa,
pero tu taza permanecía vacía,
al igual que mi cama al despertar.

La tristeza ocupó tu lugar,
y lloré, lloré hasta que la noche cayó.
Mirando la luna sonreírme,
le prometí que yo también volvería a hacerlo,
que yo también volvería a sonreír.

Puerta cerrada

No vuelvas,
no le pidas que se quede,
no le llames,
ni contestes sus llamadas.

El contacto cero no es inmadurez,
es cuidarte a ti misma.

No dejes que regrese. Ya tuvo su oportunidad
y la desaprovechó, dejando todo un desastre a su paso.

No vuelvas, ya esa puerta se cerró,
y se abieron miles más,
que tienen preparadas mejores cosas para ti.

Cápsulas para reflexionar
LLORA TODO LO QUE SEA NECESARIO

Llorar no es debilidad. Llorar cuando estamos tristes, cuando el alma nos duele, cuando alguien nos falla, cuando nos sentimos abatidos por las decepciones, es lo mejor y más sano que podemos hacer por nuestro corazón y por nuestra paz mental. Llorar alivia, limpia y reinicia la mente. Nunca reprimas tus lágrimas cuando estas quieran salir para recordarte que eres humana, y que tienes todo el derecho de sentir, y hasta de gritar si es necesario. Reprimir el llanto puede llevar a un aumento de la ansiedad y el estrés, impidiendo el proceso natural de sanación.

No te reprimas, no permitas que tu corazón se endurezca de dolor. No hagas contigo lo que muchas personas hicieron con sus vidas por miedo o quizás por orgullo al no mostrar su vulnerabilidad; en cambio, optaron por llenar su corazón del sentimiento más destructivo llamado *odio*.

Llora cuando sientas ganas de hacerlo. Llora hasta que no quede una lágrima, no importa si te quedas dormida mientras lloras. Créeme, al día siguiente te sentirás mejor, sentirás alivio y tus pensamientos estarán más claros. Llora cuando no encuentres formas de soportar el dolor, cuando las palabras no puedan expresar lo que sientes. Permítete sentir, y no prestes atención a quienes piensan que estás exagerando o te dicen que esa persona no merece tus lágrimas. Aunque pueda ser cierto, esas lágrimas te ayudarán a liberar el dolor que llevas dentro. Esa persona no las merece, pero tú sí mereces sanar.

Capítulo 2
AHORA, ¿QUIÉN SOY SIN TI?

Mi matrimonio se había terminado, pero la vida continuaba. ¿Cómo? No lo sabía, pero debía continuar. Aunque no quisiera, aunque me doliera la vida y me pesara tanto que, ni siquiera podía reunir las fuerzas para levantarme de la cama.

Eran las once de la mañana y aún permanecía encerrada en mi habitación, atrapada entre las sábanas, ahogada en la tristeza y la soledad que me rodeaban. Seis llamadas perdidas, pero ninguna de ellas era suya. De él no había ni rastro. Y al parecer, no solo me había dejado a mí, sino que también había abandonado las responsabilidades compartidas que teníamos, como los negocios que juntos habíamos construido durante los veinte años de matrimonio.

—No tenemos suministros para trabajar hoy. Estoy llamando a Héctor, pero no contesta —me informó mi hermana cuando le contesté la llamada después del séptimo intento. Ella era la encargada del funcionamiento, pero nosotros nos encargábamos de los suministros para que pudieran operar los negocios.

No podía creerlo, aunque en realidad, sí podía. Héctor siempre fue así. Para él, lo más fácil era huir de los problemas y de las responsabilidades. Cada vez que las cosas se ponían difíciles, su manera de enfrentarlo era esa: escapando. ¿Por qué me sorprendía que lo hiciera ahora?

No sé de dónde saqué la fuerza para levantarme, pero lo hice. Nuestros negocios eran nuestro sustento; no podía permitir que también se derrumbaran.

Conduciendo, mi mente divagaba entre pensamientos y millones de preguntas que parecían carecer de respuestas.

«¿Cómo voy a manejar todo esto yo sola? ¿Qué hice mal para merecer esto? ¿Cómo voy a seguir adelante sin él? ¿Siempre vuelve, lo hará esta vez? ¿Y si mejor no lo enfrentaba? No debí enfrentarlo. Qué estúpida fui. Se lo dejé a su amante en bandeja de plata. Idiota, idiota, idiota. ¿Y ahora, qué voy a hacer?».

Nunca me había sentido tan desamparada, tan vulnerable. Era como si me hubieran quitado una parte de mí. Y allí estaba yo... sola. Enfrentando no solo su ausencia, sino también el temor a encontrarme sin su apoyo. Seguía sin comprender cómo había desaparecido sin importarle mi dolor, sin importarle todo lo que había dejado atrás: su hogar, su familia, nuestros negocios o yo.

Intentaba mantenerme ocupada, y a veces lograba acallar los pensamientos. El caos en mi mente se detenía brevemente y conseguía respirar de nuevo. Pero era solo temporal. Regresar a casa era uno de los momentos más difíciles. La casa misma me recordaba su ausencia. La habitación parecía más grande, más vacía. El deseo de llamarlo me volvía loca, deseaba preguntarle dónde estaba, por qué no se preocupaba por mí. Pero luego recordaba que quizás era mejor así. Podría decirme algo que solo aumentara mi dolor, algo que me lastimara aún más de lo que ya lo había hecho.

Todavía permanecían sus pertenencias en la habitación, y no podía contener las lágrimas al verlas. Sabía que debía retirarlas pronto.

Cada día, cada noche, cada amanecer transcurrían como si fueran vacíos de propósito, como si la vida no tuviera nada que ofrecerme. Nada parecía tener sentido. Mi brújula interna estaba desorientada, sin un rumbo claro hacia dónde dirigirse. La vida se había convertido en un peso insoportable, y mi corazón se retorcía de dolor sin que hubiera nada que pudiera aliviarlo.

Porque había una sola realidad: Él ya no estaba.

Y yo... yo no sabía quién era sin él.

Aún no sé cómo seguir sin ti

A veces pienso que puedo hacerlo,
respiro hondo y me levanto una vez más.

Por un instante, realmente creo que estoy bien,
que puedo seguir adelante sin ti.

Pero luego, sin previo aviso, vuelvo a caer.

Siento tu ausencia,
vuelven tus recuerdos
y con la fuerza de un huracán,
deshacen los fragmentos de mi alma
que había logrado unir.

Hoy, vuelvo a sentir,
que no sé cómo seguir sin ti.

Promesas rotas

Me prometiste que estarías a mi lado,
que nunca me abandonarías,
que serías mi ancla y que yo siempre sería tu cable a tierra.

Prometiste que no me volverías a lastimar,
que aprenderíamos de nuestros errores
y construiríamos un futuro juntos.

¿Qué fue lo que cambió?

Te fuiste, y ese día fue como si el suelo se abriera bajo mis pies.

Nunca imaginé que llegaría el momento en que te alejarías,
dejándome con un dolor indescriptible
y un vacío imposible de llenar.

Fue un golpe que no vi venir,
porque nunca pensé que tendría que despedirme de ti.

Hoy, solo puedo decir que,
aunque tú no cumpliste tus promesas,
yo seré fiel a la que mi hice a mí misma,
me prometí que voy a estar bien,
y la cumpliré.

Voy a estar bien.

Ojalá

Ojalá pudieras ver lo especial que eres.

Ojalá pudieras creerte que mereces a alguien
que no te haga llorar,
sino a alguien que te llene la vida de amor,
de orgasmos y de pura felicidad,
en lugar de llenarte de inseguridades y dolor.

Ojalá un día pudieras ver lo hermosa que te ves
cada vez que sonríes,
porque así dejarías de dedicarle lágrimas
a alguien que no merece ni un segundo de tu atención.

Ojalá un día puedas ver lo que vales
y representas para muchos,
porque así no le regalarías tu tiempo
a quien no sabe valorarlo,
y no perderías tu vida
en amores que no están a la altura
de la belleza de tu corazón.

Ojalá un día te ames tanto,
que no permitas que nadie te haga dudar
de lo hermosa que eres.

Eres hermosa

¿Cómo puedes dudar de ti,
cuando pasaste la noche entera llorando,
y al salir el sol, iluminas el mundo con tu sonrisa?

Pocas personas tienen la magia
que tienes en tu mirada.

Eres hermosa con el mundo,
incluso, cuando el mundo te ha dado la espalda.

Eres increíblemente hermosa cada vez que sonríes,
incluso, cuando tienes el corazón hecho mierda.

Eres lo más hermoso que existe en este jodido mundo,
porque sigues dando lo mejor de ti,
incluso cuando todos te dijeron que necesitabas malicia,
para que nadie pudiera lastimarte.

Eres hermosa, ¡joder!
Sigue sonriendo,
Sigue brillando,
Sigue amando,
Sigue entregando lo mejor de ti,
porque eres de las pocas personas que hacen que este mundo,
sea un lugar mejor para todos.

No lo olvides, por favor.

Otro día más sin ti

A veces lo único que deseo
es poder borrar de mi memoria cada recuerdo tuyo,
pero debo confesar que, si tuviera esa oportunidad,
es probable que no la aprovechara.

Porque...

Aunque fuiste la persona que más daño me ha hecho,
también fuiste la que más feliz me hizo.

Me dolió dejarte ir,
pero al final entendí que,
mi amor... te quedó grande.

Decisiones

Decidí dejar de insistir en quedarme
donde no querían que me quedara.

Dejé de intentar cambiar
a quien nunca aceptó que necesitaba hacerlo.

Dejé de cargar con el peso de intentar ser suficiente
para alguien que nunca me vio como tal.

Dejé de luchar por un amor
que no era capaz de ver mi valor, y en su lugar,
comencé a valorarme a mí misma.

Decidí, finalmente, ser feliz con lo que soy
y con lo que tengo.

No necesito más.

Verte partir

Fue duro verte partir,
y aún más difícil fue ver lo fácil
que resultó para ti hacerlo,
mientras yo me quedaba aquí,
sintiendo que cada paso que dabas lejos de mí
dejaba un agujero en mi alma.

Y ahora me pregunto:

*¿Cómo hago para que tu
partida deje de doler?*

No dejo de pensar en él. ¿Crees que también me extrañe? 1:20 a. m.

Deja de hacer preguntas de las cuales no quieres escuchar la respuesta. No sigas lastimándote. 1:21 a. m.

Es que no lo entiendo, amiga, ¿cómo pudo dejarme así tan fácil? 1:21 a. m.

A veces no es cuestión de entender, sino de aceptar, y confiar en que las cosas pasan por una razón. 1:23 a. m.

Intento creerlo, ¿sabes? Intento ser fuerte, pero a veces tengo tantas ganas de hablarle 😭😭😭 1:23 a. m.

¿Y qué ganas haciéndolo? 1:23 a. m.

No lo sé, pero hablar con él me calma y me hace sentir que todo sigue igual. A veces me gusta pensar que nada de esto es real 🫠 1:24 a. m.

Llegará el momento en el que tendrás que asumirlo, no puedes seguir engañándote, solo te haces más daño. 1:25 a. m.

Ese es el problema, que una parte de mí ya lo asumió. Pero sigue doliendo. Y necesito que deje de doler. 1:26 a. m.

Dejará de doler, créeme. Y tú eres más fuerte de lo que crees. Así que cada vez que quieras escribirle, recuerda todo lo que has superado hasta ahora. No retrocedas, y mucho menos busques consuelo en el mismo lugar en el que te dañaron. Si quieres escribirle, escríbeme a mí, aquí estoy yo para decirte que todo estará bien y que no estás sola. Te quiero. No lo olvides 🖤 2:04 a. m.

¿SABES POR QUÉ ME CUESTA TANTO DEJARTE IR?

Porque no hay nada más difícil que irse amando.

Porque cuando amas, olvidar es la última opción.
Cuando amas, luchas.

Porque los que amamos de verdad,
no olvidamos de un día para otro,
ni nos rendimos fácilmente.

¿SABES POR QUÉ ME CUESTA TANTO DEJARTE IR?

Porque me duele renunciar a un amor
que lo único que quiero
es que siga siendo mío.

Porque quería que siguieramos siendo *nosotros*.

Cápsulas para reflexionar
SEGUNDAS OPORTUNIDADES
¿OTORGARLAS O NO?

Otorgar una segunda oportunidad en una relación puede parecer atractivo cuando lo único que deseamos es recuperar lo que éramos antes del dolor. Sin embargo, es fundamental evaluar si realmente es lo mejor para ambas partes. A menudo, al dar una segunda oportunidad, caemos en la trampa de los mismos patrones destructivos que causaron la ruptura inicial. Si no ha habido un cambio significativo en el comportamiento de ambos, es probable que los problemas persistan y se repitan, haciendo del caos algo mucho peor.

Es esencial ser honestas acerca de por qué queremos dar una segunda oportunidad. ¿Es por amor genuino y la esperanza de un cambio real, o por miedo a la soledad y la incertidumbre? A veces, el deseo de recuperar lo familiar puede cegarnos ante las realidades y las necesidades de nuestro bienestar.

Es cierto que hay excepciones en las que las segundas oportunidades resultan algo positivo, pero lamentablemente, en la mayoría de los casos no sucede así. Cuando otorgamos una segunda oportunidad, estamos otorgando también el poder de que nos vuelvan a dañar, porque muchas veces, quien lo hace una vez, lo vuelve a hacer.

Un segundo intento nunca será igual; puede ser mejor o puede ser lo que termine de destruir lo poco que quedaba de la relación. Las expectativas de cambio y mejora pueden chocar con la realidad, generando más dolor y frustración, llevando la destrucción entre ambos a ser devastadora.

Al otorgar una segunda oportunidad, existe el riesgo de que ambas partes se vuelvan complacientes. La percepción de que siempre habrá una segunda o tercera oportunidad, puede disminuir la motivación para hacer los cambios necesarios y mejorar la relación de manera significativa. Además, de traer consigo el desgaste emocional que conlleva la desconfianza y el miedo de que pueda volver a fallarte, lo que puede afectar considerablemente tu salud mental y tu futuro en otras relaciones.

Cuando las segundas oportunidades no funcionan, resultan siendo peores que la primera vez que fallaron, porque la sensación de haberlo permitido, de haber confiado, de haber sido ingenua al volver a creer en la misma persona que ya te había fallado, te hace sentir peor que la primera vez. En lo personal, pienso que antes de considerar volver a intentarlo con esa persona, debes reflexionar sobre las consecuencias que esta decisión puede tener en tu autoestima y bienestar. Recuerda que nunca es recomendable regresar al lugar donde te hicieron daño. La versión de ti que deseas ser ahora no podrá florecer en el mismo entorno que te hizo perderte a ti misma.

Recuerda:

ES DIFÍCIL CURARSE EN EL MISMO LUGAR DONDE SE CAUSÓ LA HERIDA.

Capítulo 3
¿CUÁNTAS VECES ES POSIBLE PERDONAR A ALGUIEN?

Muchas veces el amor nos hace tontos. Tan ciegos que no somos capaces de ver que, lo que nos ofrecen como «amor», en realidad está muy lejos de serlo.

Porque el amor no consiste en aguantar y aguantar. No es perdonar repetidamente las fallas que el otro no puede o no quiere corregir. Amor no es suplicar por respeto, lealtad o fidelidad. No se trata de dar incontables oportunidades con la esperanza de que la otra persona cambie. Tampoco es esforzarse constantemente para convencer a alguien de que deberían estar contigo; porque cuando alguien realmente quiere quedarse, lo hace, incluso cuando no hay una razón evidente para hacerlo.

Perdonar una y otra vez los mismos engaños y mentiras, y pensar que podría soportarlo sin quedarme destrozada, era un riesgo que siempre estuve dispuesta a tomar. Era como pararme frente a un león hambriento y creerle cuando prometía que no me iba a doler cuando llegara el momento de devorarme.

Cada vez que me enfrentaba a sus engaños, lo hacía esperando que esa vez fuera diferente y que fuera sincero. Las noches en las que se acostaba a mi lado, tenía que sofocar mis lágrimas para que no me escuchara llorar. ¿Cómo podía compartir la misma cama y actuar como si yo fuera el único amor de su vida? En esos momentos me preguntaba cuánto más podría soportar. Me cuestionaba si cuando hacíamos el amor, su mente estaba conmigo o con otra persona.

¿Cómo puede alguien llegar a ese punto de carencia extrema de amor propio?

Me cuesta entenderlo del todo. No logro comprender cómo pude soportar tanto. Pero cada día, mi sensación de vacío se intensificaba, como si hubiera entregado todas mis piezas en él. Ya no sabía qué más ofrecerle, y esa incertidumbre me llenaba de frustración. Sentía que no era suficiente y que por eso él buscaba en otras, eso que yo no era capaz de darle. La inseguridad se apoderaba de mí, y mi estado de ánimo fluctuaba constantemente. A vece sentía que, a pesar de que lo amaba con todas mis fuerzas, también lo odiaba con la misma intensidad. En repetidas ocasiones, le cuestioné por qué si decía amarme, me causaba tanto dolor. ¿Por qué no podía ser fiel y respetar nuestra relación? ¿Era acaso demasiado pedir?

«Lo lamento. Yo te amo, pero no sé qué me pasa. Quiero cambiar. Dame otra oportunidad», era lo que siempre me decía después de volver a fallamarme.

Y por supuesto, todas las veces que me lo dijo... yo le creí.

Es que era tan fácil para él envolverme en aquel juego de engaño y promesas. Solo bastaba que me abrazara y me prometiera que todo estaría bien. Mi corazón intentaba desesperadamente creerle, mientras mi mente me reclamaba recordándome las tantas veces que ya lo había perdonado por las mismas razones.

¿En qué momento de mi vida pasé de exigír respeto, de creerme merecedora de un amor honesto, a preferir una mentira disfrazada de arrepentimiento?

Supongo que fue porque al principio, todo era diferente.

Había tenido dos relaciones fallidas antes de conocerlo. Había perdido la esperanza de que alguien pudiera volver a amarme, especialmente porque tenía dos hijas de otro matrimonio. Pero él me vio. Él me amó, sin importarle nada.

Héctor tenía muchas cualidades positivas; no todo fue tan malo. Desde el inicio de nuestra relación, amó a mis hijas como si fueran suyas, lo que me hizo enamorarme de él por completo. Era un hombre atento, caballeroso, proveedor y alegre. Siempre se preocupó por mí y por mi familia como si fuera la suya propia.

Nuestra vida juntos era lo que siempre había soñado. Él era el hombre que siempre había querido para mí. Teníamos viajes familiares cada año, proyectos, sueños. Habíamos comprado nuestra primera casa juntos, y teníamos una hija producto de nuestro amor.

No sé cuándo todo empezó a cambiar. No me di cuenta de cuándo comenzaron las infidelidades y los irrespetos a nuestro hogar. No sé cuándo él comenzó a transformarse.

Sabía que su pasado había sido un poco tormentoso. Estaba lleno de vicios, como su adicción a las mujeres y al sexo, pero al principio, pensé que al formar una familia, lo dejaría atrás. Fui muy ingenua al pensar que yo lo podía cambiar.

Nunca cambió, y lo perdoné tantas veces, que hoy solo me queda pedirme perdón por haberlo hecho.

Deja de buscar razones para quedarte

Ninguna razón es lo suficientemente justificable para seguir soportando el dolor diario. No importa quién sea el causante ni cuál sea la situación; tu bienestar, felicidad y paz mental deben ser tu prioridad absoluta.

Aceptar el daño constante es una forma de traición hacia ti misma. No permitas que el miedo, la inseguridad o la dependencia te mantengan atrapada en un ciclo de sufrimiento.

Deja de buscar razones para quedarte. Ni el amor, ni los años juntos, ni nada que los una puede ser más importante que tu bienestar.

Si tienes hijos, recuerda que ellos no deben ser la razón para quedarse, sino el impulso para irse. Tus hijos te admiran y te observan, y al verte escoger el camino de la dignidad y la felicidad, les estarás mostrando la importancia de priorizar el bienestar emocional. No subestimes el impacto positivo que tu valentía puede tener en sus vidas; ellos aprenderán a valorar y respetar su propia felicidad siguiendo tu ejemplo. Sal y demuestra que el amor verdadero empieza por uno mismo y que merecen una vida llena de paz y amor, libre de cualquier forma de dolor diario.

No tengas miedo a dar el paso. No le permitas a tu voz interior convencerte de que no podrás lograrlo. No le creas a él cuando te dice que no podrás sola. Eres más fuerte de lo que imaginas, y puedes lograr cualquier cosa que te propongas. Tienes que creerlo.

No te acostumbres a perdonar

No te acostumbres a perdonar sin límites. A dar segundas y terceras oportunidades creyendo que esta vez será diferente. No te acostumbres a justificar el dolor y el maltrato, pensando que con el tiempo las cosas cambiarán. La realidad es que, quienes te hieren una vez lo harán de nuevo, y cada vez que perdonas, estás permitiendo que te dañen siempre que lo quieran.

No te acostumbres a cargar con la culpa de los errores ajenos. No te hagas responsable por las acciones de los demás ni te convenzas de que, si intentas un poco más, las cosas mejorarán. Cada persona es responsable de sus propias acciones. Cada quien sabe lo que hace y el daño que puede ocasionar con sus actos. Si alguien no está dispuesto a cambiar, no es tu deber cargar con el peso de sus fallas. No te acostumbres a vivir en donde las promesas vacías y los arrepentimientos temporales son la norma.

No te acostumbres a perdonar a quien no valora tu entrega, tu amor ni tu compañía. A quien no te ve como lo mejor de su vida y solo lo reconoce cuando cree que puede perderte. No permitas que tu bondad se convierta en una licencia para que otros te hieran una y otra vez.

No te acostumbres a vivir en la incertidumbre, esperando que algún día las cosas mejoren. Tu tiempo, tu amor y tu compañía son tesoros que no todos merecen. No los malgastes en quienes no saben apreciarlos.

 : BASTA. NO PUEDES VOLVER.

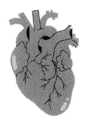 : PERDÓNALO. AÚN LO AMAS.

AHORA DIME, ¿A QUIÉN ESCUCHO?

No voy a amar a alguien
tanto como te amé a ti...

YULIBETH R.G

...y nadie te amará nunca
como te amé yo.

Posdata: DEJARÁS DE DOLER

Por miedo a perderte

Te perdoné mientras me traicionaba a mí misma,
por miedo a perderte.
Me puse una venda en los ojos, solo para no ver que tú
ya no eras el mismo del que me había enamorado.
Intenté sostener algo, que hace rato
ya se había escapado de mis manos.

Me dolió que me fallaras,
pero me dolió más darme cuenta
de todo lo que me fallé a mí misma,
por vivir en una mentira,
que solo yo creía que era verdad.

Hoy pierdo el miedo de perderte,
y saco la valentía para encontrarme a mí misma.

NO DECIDIMOS DE QUIÉN NOS ENAMORAMOS,

pero sí podemos decidir hasta dónde permitir que ese amor nos dañe.

Te busco

No sé por qué no puedo dejar de pensar en ti,
no sé por qué no puedo dejar de extrañarte.

Me digo que no puedo volver,
y que tú tampoco quieres hacerlo.

Pero te busco...

Te busco en mis sueños,
y al despertar.

Te busco en nuestros recuerdos
y en los que estoy construyendo sola.

Te busco como mecanismo para respirar y poder vivir.

Y no sé si lo hago porque te quiero
o porque en realidad
es a mí misma a quien quiero poco.

Te amé

Te amé de una manera que va más allá de lo sensato y de lo que alguien pudiera comprender. Te amé cada segundo de mi vida. Te amé, incluso cuando tus acciones me causaban dolor. Cuando me hacías sentir insegura. Cuando me hacías llorar hasta que ya no me quedaban lágrimas. Te amé, incluso cuando no me elegiste a mí. Cuando me hiciste perderme tantas veces, solo por tenerte un ratito más. Cuando tu indiferencia me hacía más daño que cualquier palabra que pudieras decirme. Te amé, incluso cuando la mentira siempre era tu respuesta favorita.

Te amé y tuve la esperanza de que un día reconocieras todo lo que hacía para sostenernos. Y aunque la realidad a veces doliera más de lo que podía admitir, más que cualquier mentira que pudieras haber dicho, mi amor por ti seguía intacto.

Hoy, no puedo evitar preguntarme si algún día entenderás el alcance de todo lo que sentía por ti. Y aunque hayamos tomado caminos diferentes, siempre te llevaré conmigo. Porque te amé, incluso cuando tuve que soltarte, *aun queriendo que te quedaras*.

Cápsulas para reflexionar
¿POR QUÉ DUELE TANTO EL AMOR?

En mi búsqueda por entender por qué estaba sintiendo tanto dolor, encontré la respuesta en la frase de un famoso poeta que alguna vez dijo: «Es mejor haber amado y perdido, que jamás haber amado».

Fue en ese momento cuando comprendí que el dolor que sentía tenía una raíz profunda en el amor mismo. El dolor nace del hecho de que amamos profundamente. Cuanto más amamos, más duele cuando las cosas no salen como esperábamos. Si no amáramos, si no nos importara, el dolor no sería tan intenso ni tan profundo.

Sin embargo, lo que no siempre entendemos es que no es el amor en sí lo que duele, sino el desamor. El dolor surge de la forma errada en que algunas personas aman, de cómo confunden el amor verdadero con expectativas incumplidas, promesas vacías o comportamientos dañinos. Es el desamor, la falta de reciprocidad genuina y la traición a la esencia del amor lo que causa el sufrimiento más profundo.

A veces, el amor se convierte en un campo de batalla emocional donde nuestras expectativas no se alinean con la realidad de lo que el otro está dispuesto a ofrecer. El desamor se manifiesta en la falta de compromiso, en la desilusión y en la desconexión entre lo que se prometió y lo que realmente se vivió.

Aceptar que el dolor es una parte del proceso de amar y aprender a gestionar nuestras expectativas puede ayudarnos a sanar y a encontrar un amor que sea recíproco. Nunca te arrepientas de haber amado o de haberlo entregado todo, porque el amor, en su esencia, es lo más hermoso y valioso que podemos tener en nuestro corazón. La clave está en reconocer cuándo el amor deja de serlo, y marcharse antes de que nos destruyan en su nombre.

Recordatorio del día

¡NADIE DUELE PARA SIEMPRE!

Capítulo 4
ALGUIEN MÁS, YA OCUPABA MI LUGAR

Nuestra relación había terminado por alguien más, eso no era un secreto para mí. Sin embargo, él no hablaba de ella como una posibilidad de algo real. Siempre me dijo que era una más, como todas las anteriores. No sé si lo hacía para no hacerme daño o para mantenerme allí. Pero cualquiera de las dos opciones, me resultaban bien, ya que me permitían aferrarme a la esperanza de que lo nuestro podía solucionarse.

Una parte de mí seguía ilusionada, creyendo que esa tormenta en nuestra relación sería pasajera. Que el sol volvería a salir para nosotros. No era la primera vez que lo solucionábamos, ¿por qué iba a pensar que sería la última?

Pero resultó serlo.

Y me enteré de la peor manera posible.

Porque sí, justo cuando crees que ya no puedes sufrir más, esa misma persona que te hirió, vuelve, toma otro puñal y lo clava con tal fuerza en la misma herida, que el dolor se vuelve insoportable.

No habían pasado ni dos meses desde que se había ido, y nunca me esperé que él fuera capaz de hacer lo que hizo, pero como si yo no existiera o no le importara en lo más mínimo mi dolor, publicó en *Instagram* una foto con su nueva pareja acompañada de un «te amo».

No sabía que el corazón podía romperse de tantas maneras. No sabía que era posible sentir tanto dolor. Nada en mi vida me había causado tanto sufrimiento. Nadie antes había logrado destrozarme de esa manera. Y para ser honesta, jamás imaginé que él, la persona a la que más he amado en toda mi existencia, quien me brindó tantos años de felicidad, se convertiría en el que más daño me haría.

Ese día, vi cómo todas mis esperanzas se derrumbaron como si fueran castillos de arena arrastrados por la marea.

No recuerdo cuánto tiempo me quedé paralizada en el auto. Mis manos temblaban y mi corazón latía con fuerza, como si quisiera escapar de mi pecho. Las lágrimas brotaban de mis ojos sin cesar. Y una parte de mí necesitaba escribirle y reclamarle. Quería que supiera cuánto me había afectado ver esa foto. Deseaba escuchar que él no había sido quien la publicó, sino ella.

Pero me contuve.

Respiré profundo, tratando de encontrar algo de calma en medio del caos emocional que me consumía. ¿Qué importaba quién había publicado la foto? La cruda realidad estaba frente a mí, imposible de ignorar. Era oficial: él ya estaba con alguien más, y nuestra historia había llegado a su fin.

Las horas pasaban y yo seguía inmóvil en el mismo lugar. El llanto no cesaba. Me preguntaba cómo había sido capaz de hacerme eso. ¿Por qué no fue más discreto? ¿Por qué no me dio la oportunidad de procesar nuestra separación antes de exponernos de esa manera?

Ni siquiera mis amigos y familiares sabían que estábamos separados. No me dio oportunidad siquiera de hablarlo con mis hijas que no vivían conmigo, pero que siempre lo habían visto como un padre, ni de decírselo de la manera correcta a nuestra hija. Me sentía expuesta, humillada. Era como si él estuviera más preocupado por complacer a su nueva pareja, que por el dolor que me estaba causando a mí.

Después de ese día, todo fue peor. En su cumpleaños, fue ella quien organizó su fiesta. Ahora era ella quien lo acompañaba a sus viajes, quien conducía su auto, con quien compartía su vida diaria. Ya no era yo quien recibía sus besos de buenos días ni quien escuchaba sus sueños y preocupaciones antes de dormir. Me sentía relegada a un segundo plano o uno inexistente, mientras ella ocupaba el espacio que alguna vez fue mío.

Ven y quédate

No puedo negar mi dolor ni pretender que no existe.
Está ahí, como espinas que pinchan mis dedos
y me recuerdan tu ausencia.

Que me gritan que ya no estás aquí.
Ahora debo hacerme amiga de mi soledad,
pero le tengo tanto miedo,
que solo puedo pedirle que se vaya.

Quizá es mi forma de pedirle que te traiga de vuelta.
Quizá no quiero acostumbrarme a ella,
porque en el fondo de mi alma
conservo la esperanza de que seas tú
quien regrese y le diga
que ya no la necesitamos,

                    porque ahora serás tú,
          quien acompará mis días.

A ella

Cree que ganó por quedarse con él, pero cómo desearía decirle que no es la primera. Que lo que hoy le promete, también me lo prometió a mí y a otros cien corazones más antes que ella.

Piensa que me ganó porque ahora está con él,
pero solo espero que el karma no la coloque
en el mismo lugar en el que estoy yo.

Porque cuando alguien traiciona una vez,
lo hace siempre, y yo perdí la cuenta de todas las veces
que él me falló.

Solo quisiera decirle que hoy está con ella, pero puede verse en mi espejo, porque el día de mañana podría estar viéndose en mi reflejo.

Quizá algún día

Dicen que llorar sana, que sacar a través de tus lágrimas todo ese dolor que tienes reprimido te libera el alma.

Lloro. Lloro. Lloro.

Paso noches enteras llorándote, y nada cambia. Nada mejora.

Todo sigue igual, porque llorar ni me ha sanado ni te ha traído de vuelta.

Quizá solo debo aprender a vivir con el dolor que dejó tu ausencia.

Quizá algún día, mis lágrimas encuentren su propósito, y se conviertan en el agua que nutre el jardín de mi alma, permitiéndome florecer de nuevo, aunque no sea a tu lado.

Y un día,

las mismas manos que te sostuvieron,

son las mismas que te dejan caer.

Posdata: DEJARÁS DE DOLER

Te prometo

Te prometo que lo estoy intentando.

Que me he propuesto no buscarte,
no inventar formas de saber de ti.

De no revisar una y otra vez tus redes sociales
para ver qué haces, con quién estás
o si has vuelto a alguno de nuestros lugares favoritos.

Te prometo que lo estoy intentando.

Que me obligo a no pensar en ti,
a no sobrepensar lo que pasó,
a no seguir haciendo preguntas que sé que no responderás,
a no pensar en todas las promesas que me hiciste
y que ahora se las cumplirás a alguien más.

Te prometo que lo estoy intentando.

Estoy intentando con todas mis fuerzas soltarte.

No está siendo fácil,
pero también te prometo,
que lo voy a lograr.

Por si llegas a leer esto

Ya estoy empezando a acostumbrarme a tu ausencia,
pero el dolor persiste.

Duele tanto, que a veces siento
que no voy a poder, y es tan fuerte el dolor
que me consume por completo.

Es como si cada momento sin ti,
fuera un recordatorio constante
de lo incompleto que se siente todo
sin tu presencia a mi lado.

Pero no te preocupes, porque sé que un día
dejarás de doler.
Tengo fe en que así será.

Cápsulas para reflexionar
NO LO EXTRAÑAS, TE EXTRAÑAS A TI

Es natural sentir ansiedad por la ausencia de alguien con quien compartiste una parte significativa de tu vida. La sensación de extrañar a esa persona puede ser desgarradora, especialmente al comenzar el día o en momentos de soledad. Sin embargo, es fundamental cuestionar si realmente extrañamos a esa persona en sí o si, en cambio, estamos anhelando una parte de nosotras mismas que se reflejaba en la relación.

El dolor y el anhelo que experimentamos a menudo no se deben únicamente a la persona que se ha ido, sino a la vida que construimos con ella. Extrañamos la idea de lo que éramos o queríamos ser cuando estábamos juntos, más que a la persona específica. Los momentos, la rutina, la sensación de seguridad y la compañía son lo que verdaderamente echamos de menos.

Es por eso que es necesario entender que lo que realmente extrañas no es a esa persona en particular, sino a la versión de ti misma que existía en su presencia. Extrañar a alguien no significa que debas volver a esa relación ni que sea lo mejor para ti regresar con esa persona. Porque todo aquello que crees extrañar, puedes encontrarlo y cultivarlo dentro de ti misma. Esa persona simplemente actuaba como un espejo que reflejaba cómo te gustaba sentirte o cómo deseas ser tratada o no.

Cada vez que sientas esa ausencia, recuerda que lo que extrañas es una parte de ti misma. Ellos solo reflejaban aspectos de tu vida que ahora tienes la oportunidad de explorar y desarrollar por tu cuenta. La verdadera tarea es buscar esas cualidades y sensaciones dentro de ti, en lugar de depender de alguien más para encontrarlas.

La capacidad de sentirte bien, amada y realizada está en tus manos, en las de nadie más. No podemos poner el peso de nuestra felicidad en manos de otra persona, porque es una carga que nadie podrá sostener nunca.

Capítulo 5
¿UN CLAVO SACA A OTRO CLAVO?

Su indiferencia se volvía cada vez más insoportable, y mi tristeza comenzaba a transformarse en rebeldía. Quería hacerle sentir lo mismo. Quería demostrarme a mí misma que también era capaz de despertar deseo en otro hombre que no fuera él. Mi dignidad lastimada se había convertido en una amalgama de ego herido y anhelo de venganza. Me sentía desesperada y había empezado a tomar y a salir de fiesta con más frecuencia.

Pero recuerdo aquella noche en el club nocturno que era nuestro, el que habíamos construido juntos. Estaba con unas amigas, entre ellas Elena, mi mejor amiga desde hacía nueve años. Estábamos disfrutando de unos tragos. Y era consciente de que las cámaras de seguridad registraban cada instante, sabía que él podía estar observando a través de ellas.

Elena me dio un leve golpe en el brazo, señalándome al joven que acababa de entrar; era Carlos. Desde la entrada, sus ojos se posaron en nosotras, o quizá solo en mí. No lo sé.

Mi amiga, con una sonrisa traviesa se acercó a mi oído y susurró: «Un clavo saca otro clavo, y él parece ser perfecto». Por un instante, su comentario me molestó. Una dualidad se hizo espacio en mi interior, porque una parte de mí quería vengarse y hacerlo reaccionar, pero la otra, se sentía comprometida a mantener el comportamiento de una mujer que seguía estando casada. Además, me preocupaba demasiado lo que pudieran pensar de mí si me veían con alguien que no era mi esposo. Ante los ojos de todos, yo seguía estando casada.

No era la primera vez que veía a Carlos en el bar. En otras ocasiones lo había visto allí, siempre solo. Era joven, atractivo, y había algo seductor en su mirada, en esa forma en la que me observaba desde la distancia con una mirada lasciva.

De pronto, lo vi caminar en dirección a mí. Venía con una seguridad desbordante, y no pude evitar sentirme nerviosa. Parecía una adolescente, pero supongo que era normal, habían pasado veinte años desde la última vez que coqueteé con alguien.

¿Era posible que, a mi edad, aún pudiera despertar el interés en un hombre?

—Buenas noches, señoritas. —Su voz era gruesa y varonil, a pesar de ser muy joven.

—*Señoras*, cariño, aunque no lo parezcamos —bromeó Elena, con un tono jocoso.

Carlos sonrió, pero sin quitar su mirada de mí.

—¿Puedo invitarte a bailar? —me preguntó sin preámbulos.

—¿Bachata? —bufé, con cierto nerviosismo—. Créeme, no quieres terminar con los pies hechos trizas —respondí con una sonrisa, tratando de disimular los nervios.

—Estoy dispuesto a correr el riesgo.

Extendió su mano hacia mí, con una sonrisa encantadora que me dejó sin posibilidad de negarme. Segundos después, estábamos en la pista de baile.

No puedo negar que me sentía extraña. Y mientras bailábamos, no podía dejar de pensar en lo que los demás pudieran estar pensando de mí. Todos me conocían como la propietaria del lugar, y ahí estaba yo, bailando con un hombre atractivo que no era mi esposo. Por un momento olvidé las cámaras de seguridad y que Héctor podría estar viendo esa escena. Era mi momento de demostrarle que también podía disfrutar de la vida con alguien que no fuera él. Y también con alguien mucho más joven.

Bailamos casi toda la noche. En mi mente, solo rondaba la idea de vengarme, y para Carlos, parecía no haber ninguna objeción en convertirse en mi instrumento de desquite. Él sabía que era casada, y al parecer eso no era un inconveniente.

Eran las cinco de la mañana cuando la música se apagó y, discretamente, abandonamos el lugar. La tensión entre nosotros era palpable, el deseo sexual se podía sentir en el aire. Ambos estábamos demasiado ebrios, y el alcohol, actuando como un desinhibidor por excelencia, hacía que todo resultara más sencillo, más accesible.

Pero más allá de eso, había una motivación aún más profunda: la necesidad de pagarle a Héctor con la misma moneda, de recuperar mi dignidad y autoestima. Esa urgencia de vengarme por todas las veces que me hizo sentir como una idiota. Era este impulso lo que me empujaba a dar el paso que estaba a punto de dar.

Ojalá pudiera decirles que lo logré, que en los brazos de otra persona pude encontrar el alivio que necesitaba, que me sentí mejor, pero les mentiría. No fue así, al contrario, despertar junto a Carlos me hizo sentir tan miserable. Sin contar con que, cada segundo que estuve con él, deseé que fuera Héctor el que ocupara su lugar.

Me levanté de inmediato, escondiendo las lágrimas que brotaban de mis ojos para que Carlos no las notara. Había llevado a cabo mi venganza. Había logrado demostrarme a mí misma que aún podía atraer a cualquier hombre a mi cama. Pero ¿por qué me sentía tan miserable? ¿Por qué no experimentaba la satisfacción que esperaba? Al contrario, me consumía una sensación de vacío y arrepentimiento. La culpa me atormentaba. Yo seguía estando casada, y había estado con alguien que no era mi esposo, lo que me convertía también en todo lo que siempre odié: una infiel.

Carlos no tenía la culpa de nada. O por lo menos eso pensaba, hasta que días después, me enteré de que él también era un hombre casado.

Me odié, y la sensación de miseria aumentó porque, sin saberlo, me había convertido en el daño que me habían hecho, Al final, no era diferente a Héctor. Yo también era una basura, igual que él.

Lección del día

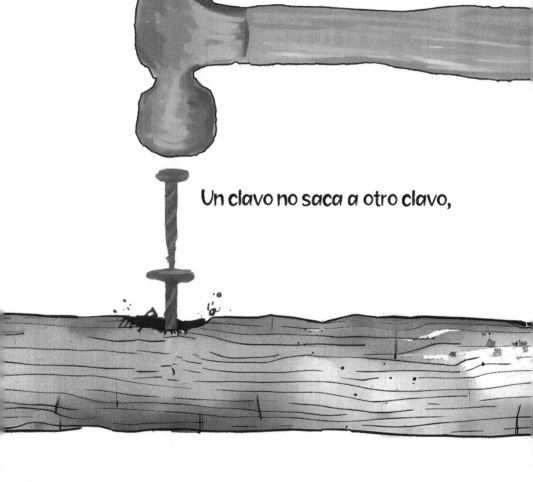

Un clavo no saca a otro clavo,

solo hace la herida más profunda.

PARA TI QUE QUIERES VENGARTE POR LO QUE TE HIZO.

Entiendo que quieras devolver el golpe,
que puedas sentir la tentación de buscar venganza,
de hacerle sentir el mismo dolor que tú has sentido,
pero déjame recordarte esto: No vale la pena.

No te rebajes. No te hagas más daño del que ya te hicieron.
No permitas que el dolor te consuma
al punto de convertirte en alguien que no eres.

No te rebajes a su nivel.

No permitas que el odio y la amargura te dominen.

En cambio, enfócate en sanar,
en dirigir tu energía hacia cuidarte a ti misma.

Recuerda que somos y merecemos lo que damos,
y si damos amor,
más temprano que tarde,
recibiremos amor.

HAY QUIENES DICEN
QUE ES DIFÍCIL OLVIDAR A QUIEN AMAS,
PERO LO QUE NO SABEN ES QUE
LO MÁS DIFÍCIL...

ES CUANDO NO SABEMOS SI ESPERAR,
o dejar ir.

EL KARMA TE MANDA A DECIR QUE:

Cuando dañas a la persona correcta,
la incorrecta... **TE ENSEÑA CÓMO DUELE**.

Espero que no te toque sufrir
todo lo que me hiciste sufrir a mí.

Final inesperado

Hoy ya no hay buenos días,
y el *te amo* que me decías, empieza a difuminarse.

Ya no hay besos de buenas noches, ni un ¿qué haremos hoy?

No sé nada de ti,
y parece que no te importa saber de mí.

Hoy siento que somos dos desconocidos,
que parecieran nunca haberse amado como lo hicimos.

Mi vida está en pausa,
y la tuya parece ir mejor sin mí.

¿Quién pensaría que así sería el final de lo que creíamos
que sería nuestra mejor historia de amor?

Hoy déjame llorar

No aguanto más.
Hoy quiero darme permiso para dejar caer todas las barreras
y dejar que las lágrimas fluyan en libertad,
hasta que se me desgarre la vida en cada una de ellas.

Quiero intentar con ellas,
apagar todo el fuego que arde dentro de mí.

Hoy no quiero ocultar mi dolor
ni fingir que todo está bien.

Quiero ser honesta conmigo misma y con el mundo,
y reconocer que a veces la vida duele,
y duele mucho.

Hoy, quiero llorar hasta que se me agoten las lágrimas,
hasta que mi corazón encuentre un poco de paz
en medio de toda esta tormenta.

Hoy quiero llorar
para ver si, con suerte, logro que mis lágrimas
ahoguen todo este dolor.

Mañana, prometo levantarme y volver a ser fuerte,
pero hoy, te lo pido... déjame llorar
hasta que ya no hayan más lágrimas que derramar.

Mentiras

Me dediqué a coleccionar tus mentiras,
al punto de creer que eran verdad.

Las guardaba en lo más profundo de mi ser,
como si fueran reliquias sagradas que justificaban
cada una de tus acciones.

Me aferraba a ellas con la esperanza de encontrar
algún destello de honestidad en tu mirada vacía.

Cada engaño era una herida que se abría en mi corazón,
pero prefería ignorar el dolor
y seguir construyendo mi colección.

Me convencía a mí misma de que eras sincero,
de que tus palabras eran reales, incluso
cuando mi intuición me advertía lo contrario.

Pero llegó un momento en que la colección
se volvió demasiado pesada para cargar.

Las mentiras se acumulaban una sobre otra,
formando una montaña imposible de escalar.

Me di cuenta de que había llegado el momento de dejar
de coleccionar tus engaños.

Y eso hice.

Los dejé caer uno por uno,
liberándome del peso que representaba cargar con ellos.

Y fue justo allí, cuando aprendí que la verdad
es mucho más valiosa que cualquier mentira
disfrazada de amor, y que merezco mucho más
que ser prisionera de tus mentiras y falsas promesas.

Cápsulas para reflexionar
AMAR TAMBIÉN IMPLICA DEJAR IR

La vida nos presenta constantemente situaciones y relaciones que, aunque en un momento nos llenaron de alegría y felicidad, con el tiempo dejan de ser saludables o beneficiosas para nuestro bienestar. En estas circunstancias, una de las decisiones más difíciles y valientes que podemos tomar es dejar ir. Y no, no se trata de darse por vencido o dejar de luchar por lo que se quiere, pero justo ahí radica el problema, y es que cuando tienes que *luchar* incansablemente por alguien, entonces es probable que esa persona no sea para ti.

Reconocer cuándo es el momento de dejar ir es un acto de valentía y amor propio. No todas las relaciones y situaciones están destinadas a durar para siempre, y aferrarse a algo que ya no nos sirve puede impedirnos avanzar y encontrar nuevas oportunidades de felicidad y crecimiento, alejándonos, incluso, de nosotras mismas.

Mantenerse en una relación tóxica o insatisfactoria puede tener un impacto negativo en nuestra salud emocional y mental, así como también en nuestra vida en general. El estrés, la ansiedad y la tristeza persistente son señales de que algo no está bien. Aferrarse a resentimientos, culpas y viejas heridas puede ser una carga pesada de llevar. Al dejar ir estas emociones negativas, nos liberamos de un peso que nos impide avanzar y vivir. Reconocer nuestro valor y decidir dejar ir lo que no nos respeta ni nos valora es un acto de auto-respeto y amor propio.

El proceso de dejar ir requiere tiempo y paciencia. El primer paso es aceptar la realidad de la situación. Reconocer que algo ya no es bueno para nosotras es esencial para poder dejarlo ir. Esta aceptación puede ser dolorosa, pero es necesaria para avanzar. Dejar ir es un acto de gran valentía. Requiere el coraje de enfrentar el dolor presente por un bienestar futuro. Implica confiar en que la vida tiene un propósito mayor y que cada experiencia, incluso las dolorosas, nos ayuda a crecer y a entendernos mejor a nosotras mismas.

Dejar ir es el mayor acto de amor tanto para la persona que se ama como para nosotras mismas.

Capítulo 6
ENCUENTROS QUE MATAN

Ya había visto la cara de la nueva persona que estaba a su lado. En sus redes no había solo una foto de ellos juntos, sino varias. Sin embargo, verlo en fotos es doloroso, pero tener que hacerlo en persona es algo que se siente completamente desgarrador.

Nuestra relación había terminado, pero los compromisos y responsabilidades del matrimonio continuaban. Teníamos dos negocios que debíamos seguir gestionando, mientras resolvíamos los detalles de nuestro divorcio.

Ese día comenzó como todos los anteriores, con el mismo peso y tristeza que llevaba a diario. Cada vez que visitaba los negocios, sabía que podía encontrármelo allí. Pero justo cuando creí que ya había presenciado su máximo descaro, ese día él logró sorprenderme con algo que sería el detonante que me hundiría hasta la tristeza más profunda.

Estaba sentada en una de las mesas, supervisando el negocio, cuando lo vi entrar por la puerta del local. Sentí que la pequeña parte de mi mundo que aún me sostenía se desplomaba por completo. No fue solo por el hecho de verlo o encontrarme con él, sino porque no había llegado solo. Había llegado con ella, tomados de la mano.

El estómago se me contrajo, las manos comenzaron a sudarme, y el corazón parecía querer salirse de mi pecho, incapaz de soportar lo que estaba presenciando. No podía encontrar una explicación coherente de por qué él estaba haciendo eso. ¿Apenas habían pasado unos meses desde nuestra separación y ya la llevaba de la mano a nuestro negocio? No podía creerlo. Era demasiado cinismo y descaro en una sola persona.

Y pude haberlo enfrentado. Pude haberle dicho todas sus verdades en ese momento, pero ¿qué iba a ganar? Solo habría incrementado la escena de humillación en la que él me había hecho protagonista. Ella me observó, y en su cara no había ni una pizca de vergüenza o remordimiento. Al contrario, su expresión era la de alguien que creía que había ganado el juego. Sus ojos me miraban con una mezcla de superioridad y desafío, como si mi dolor fuera una insignificante molestia en su camino hacia la victoria. Su postura relajada, con su mano aferrada a la de él, me hizo sentir como si estuviera en una competencia en la que ella se había proclamado la ganadora, sin importarle las reglas del decoro o la decencia.

Sentí una oleada de indignación mezclada con tristeza, pero decidí mantener la compostura. No le daría a él la satisfacción de verme derrumbada, ni a ella el gusto de seguir alimentando esa necesidad de sentirse superior.

Me levanté de la mesa con la frente en alto, pero con el corazón hecho añicos. Me dirigí al baño porque sabía que, por más que me esforzara en mantenerme fuerte, no podía quedarme ahí poniendo a prueba una resistencia que estaba a punto de romperse. Mientras caminaba, sentía las lágrimas acumulándose en mis ojos. Entré y de inmediato cerré la puerta, y una vez ahí fue como si el llanto supiera que ya podía ser libre.

Comencé a llorar, ahogando el dolor en pequeños gemidos que no quería que nadie escuchara. Lloré de impotencia, de frustración, de rabia, de dolor, de decepción por no reconocer al hombre con el que había pasado tantos años de mi vida. No sé cuánto tiempo estuve encerrada en el baño, pero fue hasta que una de las trabajadoras fue a llamarme porque requerían mi presencia, cuando finalmente me di cuenta de que debía salir de ahí.

Miré hacia el espejo y vi a una mujer hecha pedazos. Mi reflejo mostraba el maquillaje deshecho, con el rímel corrido y las mejillas enrojecidas por el llanto. Mis ojos, hinchados, reflejaban el dolor que tanto deseaba arrancarme, y que planeaba ahogar de la única forma que sabía hacerlo: embriagándome.

Antes de conocerte

Rompiste todo lo que conocía de mí.

Me dejaste tan rota que un día,
dejé de reconocer el reflejo de mí misma en el espejo.

Me cambiaste para siempre,
convirtiéndome en alguien que ya no reconozco.

Amaba ser quien era, y tú me arrebataste todo.

Ahora, no sé cómo volver a ser esa persona: la que sonreía,
la que disfrutaba de los pequeños detalles de la vida,
la que no se daba por vencida,
la que amaba con el alma.

Si quieres irte, hazlo, vete,
pero llévate contigo esta sombra que dejaste en mí.

Vete, pero por favor, tráeme de vuelta a la persona que era
antes de conocerte.

Mientras esperas y esperas que eso pase, lo único que pasa **ES LA VIDA**, y ella no espera por nadie. No lo olvides.

Duele demasiado
aparentar que eres fuerte,
cuando por dentro
estás hecha pedazos,
y no tienes ni puta idea,
de cómo reconstruirte.

Posdata:
DEJARÁS DE DOLER

Quiero pedirte algo:

Nunca permitas que nadie en el mundo
cambie tu sonrisa. Al contrario, sé tú quien,
con tu sonrisa, cambie el mundo.

No permitas que ningún mal amor,
cambie tu forma de amar.

No permitas que nadie venga a ofrecerte
amores mediocres, cuando tú,
mereces el puto universo entero.

No te permitas nunca volver a lugares
en lo que no fuiste feliz,
en los que te hicieron llorar,
y dudar de tu hermosura y valor.

No te permitas jamás.
ser alguien que no eres,
ni aguantar tonterías, solo por mantener a alguien
que al final, no sabe tratar a una reina,
y tú le quedaste demasiado grande.

5 VERDADES INCÓMODAS
QUE ME COSTÓ MUCHO ENTENDER.

1.- La mayoría de las cosas están fuera de mi control.

2.- No siempre te van a amar de la misma forma que tú lo haces.

3.- La vida no siempre son momentos felices, pero de todos se aprende algo.

4.- Nuestra enemiga más cruel, es nuestra propia mente, por eso, cuídate de ella y no creas todo lo que te dice.

5.- El perdón no es un regalo para quien nos dañó, es un acto de amor para nosotras mismas.

Algún día
TODO
TENDRÁ
SENTIDO

Ya nada dolerá, no extrañarás y sonreirás
como si nada de esto hubiera pasado.

Cree en mí.

Capítulo 7
TOCAR FONDO

Ese día, después de que se fueron, comencé a ahogar todo lo que estaba sintiendo en alcohol. Su indiferencia, su descaro, su falta de prudencia, la sensación de abandono y la humillación eran ingredientes que alimentaban el odio y el dolor que empezaban a consumirme por dentro. Y la llegada de Carlos esa noche, empeoró mi situación, porque él no era más que una copia de Héctor, y un recordatorio de que por su culpa, me había convertido en todo lo que por años me mató.

Carlos intentó acercarse a mí en varias ocasiones. Quería darme una explicación, pero en todas las veces se lo negué. Sabía que no era a mí a quien debía dárselas, sino a su esposa.

Seguí bebiendo y bebiendo como si no hubiera un mañana. Ese día, como en tantos otros, convertí el alcohol en mi refugio, en un somnífero que por unos breves momentos lograba adormecer mi mente. Pero que, al despertar al día siguiente, siempre me encontraba desmoralizada y avergonzada.

Recuerdo que bebí tanto que ni siquiera supe cómo llegué a casa a salvo. Estaba tan ebria que, al intentar estacionar el auto dentro del garaje, terminé chocando con todo lo que tenía por delante.

—Olivia. —Mi madre salió en pijama, con una expresión de horror en su cara—. ¿Estás bien?

Recuerdo bajarme del auto con dificultad. Casi no podía mantenerme en pie.

—Estoy bien, mamá. Mañana lo llevo al taller para que lo arreglen —balbuceé—. Regresa a dormir.

Caminé como pude hasta el interior de la casa, cuando de pronto escuché sollozos cerca de la puerta. Era mi madre, llorando.

—Mamá. —Me acerqué a ella para intentar calmarla—. Que estoy bien, mira, no me pasó nada.

—¿Y cuántas veces crees que vas a tener la misma suerte? ¿Por cuánto tiempo crees que Dios va a escuchar mis súplicas de traerte bien a casa? Dime, ¿hasta cuando vas a seguir así? ¿Hasta que un día te mates viniendo ebria a casa?

Mi madre soltó un llanto que me penetró hasta lo más profundo. Ella no era de hablar mucho, ni de entrometerse u opinar en la vida de sus hijos. Pero ese día, me habló desde el miedo y la preocupación que solo puede sentir una madre cuando ve a un hijo autodestruirse.

Lloró de una forma tan inconsolable que no pudo permanecer un segundo más frente a mí y optó por irse a su cuarto. Mientras tanto, yo seguía inmóvil, con el corazón más roto de lo que podía imaginar y con la desgarradora sensación de haber tocado fondo.

Y es que esa era la única verdad: había tocado fondo. Me había convertido en todo lo que nunca creí que podría llegar a ser. En el transcurso de siete meses dejé de comer, no dormía, y pasaba la mayor parte del tiempo llorando, encerrada en mi habitación, o intentando borrar mi dolor en cualquier *club* nocturno.

No pensaba en cuidarme; mi ego solo quería demostrarle a él que podía vivir sin su presencia, mostrarle lo que se había perdido al irse. Esa necesidad de aparentar me llevó a cometer los peores errores de mi vida: lo que sucedió con Carlos, no razonar en las consecuencias de conducir ebria, enviarle mensajes a Héctor reconociendo mis fallas como último acto de esperanza, pasar horas mirando nuestras fotografías, inventar mil formas de saber de él solo para que mi corazón sintiera un poco de paz o como método de tortura para terminar de asimilar que ya no volvería. Siete meses en los que me puse una máscara, una coraza, para que nadie viera que, por dentro, estaba completamente rota y vacía.

Esa noche, al ver a mi madre llorar de preocupación por mi culpa, caí de rodillas al suelo, llorando desconsoladamente.

En ese momento no lloraba por él; mis lágrimas eran un ruego a Dios, pidiéndole ayuda. Le suplicaba, si realmente existía, que me diera una señal.

Después de eso, recordé estar en el supermercado, seleccionando algunas frutas cuando una anciana se me acercó.

—Con cualquiera que escojas, podrás hacer limonada —me dijo la anciana.

—¿Disculpe? —pregunté, confundida.

—Que todos son limones, hija. Sin importar cuánto los aprietes y toquetees, no vas a saber cuánto jugo tienen, pero de todos podrás sacar limonada. Nada más.

—Pero, no entiendo. A qué viene ese...

—Llevas más de diez minutos revisando cada limón que hay aquí. Aunque por lo que me acaba de revelar tu mirada, los limones no son precisamente el problema.

—Disculpe, no sé de qué está hablando, pero le agradezco su observación.

—Los ojos revelan lo que nuestra alma grita, y la tuya, cariño, está pidiendo a gritos que la ayuden.

Sus palabras me paralizaron, y enseguida sentí cómo el pecho se me apretó.

—A diferencia de esos limones, que sin importar lo que hagas con ellos solo obtendrás jugo de limón, tu dolor es una materia prima infinitamente maleable. Puedes moldearlo a tu voluntad, darle forma según tus deseos. Pero antes, debes enfrentarlo, permitirte sentirlo en su totalidad y luego decidir cómo deseas transformarlo o en qué deseas convertirlo.

Su respuesta me dejó perpleja, y mis ojos se llenaron de lágrimas, ansiosas por escapar. Sin embargo, me contuve. Sentía vergüenza de mostrar mis emociones frente a una desconocida.

—No es tan sencillo descubrir qué hacer con ese dolor o cómo transformarlo. De sentirlo, le puedo decir que lo siento cada día a tal punto de desgarrarme el alma, pero parece que no avanzo más allá de eso.

La anciana me observó, cautelosa y analítica. Como si estuviera tratando de ver más allá de mis ojos. Y por un instante sentí que lo estaba logrando. Que había entrado a lo más profundo de mi interior.

—Pon tu proceso en manos de Dios. Solo Él puede ayudarte y guiarte a esa transformación. Créeme, te lo dice alguien que perdió a su alma gemela hace cinco años, y pensó que después de su muerte, su paso por la tierra ya no tenía sentido. Hasta que Dios me mostró el camino.

—No es lo mismo que se muera la persona que amas, a que esta te abandone y te deseche por alguien más. Además, ¿qué pasa si fue Dios quien la puso en su camino y por Su voluntad ahora está con ella y no conmigo? ¿Debo agradecerle a Él por eso? ¿Por haber arruinado mi matrimonio con todo eso de sus hilos y plan perfecto?

No sé por qué dije eso. A nadie le importan los problemas de desamor de otra persona, menos a una anciana desconocida. Me sentía como una idiota, pero era como si mi alma necesitara desesperadamente hablarlo con alguien.

—Hija, no puedo decirte que te entiendo, porque son circunstancias muy diferentes. —La anciana se acercó más a mí para colocar su mano sobre mi brazo y continuó—: pero si de algo tengo certeza, es de que preferiría mil veces que él estuviera vivo, así fuera con alguien más.

Un nudo se formó en mi garganta al escucharla decir eso.

—No es tan fácil como usted lo hace ver.

—Es un poco más sencillo cuando entendemos que el amor verdadero no equivale a posesión. Cuando realmente amamos a alguien, solo deseamos su felicidad, aunque eso implique que sea con otra persona. Pero a menudo confundimos el ego con el amor, y el ego, a pesar de tener aspectos positivos, puede ser muy destructivo si no se maneja adecuadamente. Ahora dime algo… —La anciana hizo una pausa y continuó con un tono de voz más dulce—… ¿Habrías preferido que se quedara contigo, aunque ya no fuera feliz a tu lado?

Su pregunta me tomó por sorpresa, porque nunca antes me había cuestionado eso. Nunca me había detenido a considerar si mi amor hacia él era verdaderamente desinteresado o si estaba impulsado por el egoísmo de quererlo solo para mí, sin pensar un segundo en lo que él quisiera. Pero ¿cómo podría haber considerado su felicidad cuando él ni siquiera se detuvo un momento para pensar en mí antes de actuar de la manera en que lo hizo?

—Habría preferido que hiciera las cosas diferente. Que no me hubiera dejado tan devastada y rota por dentro.

Intenté pronunciar esas palabras con firmeza, pero fue imposible. Al intentarlo, sentí cómo mi voz se quebraba.

—Te entiendo, pero recuerda que no puedes controlar las acciones de los demás. En última instancia, la vida misma se encarga de equilibrar las cosas. Lo que se siembra, tarde o temprano se cosecha, ya sea en esta vida o en la siguiente. En lugar de clamar justicia, es importante que te concentres en vivir de acuerdo con tus principios y dejar que el tiempo y las circunstancias se encarguen de restablecer el equilibrio.

—Antes mencionó que Dios le había mostrado el camino —indagué, para luego ir con mi pregunta—: ¿Qué fue lo que le mostró?

La anciana me dedicó una sonrisa que me erizó la piel sin razón aparente. Sacó un pequeño folleto de su bolso y me lo entregó.

—Dios siempre tiene las respuestas para todas nuestras preguntas. Solo tenemos que abrir nuestro corazón para identificar sus señales. Él busca constantemente la manera de comunicarse con nosotros. Y para escucharlo se necesita más que simples oídos; se necesita tener fe y estar dispuesto a recibir su guía, incluso cuando sus respuestas no llegan de la forma que esperamos. Tú solo déjate guiar y Él se encargará de mostrarte el camino.

La anciana posó su mano en mi mejilla con una caricia que parecía tener el poder de acariciar mi alma, y de pronto, desperté.

Había sido solo un sueño, pero había dejado en mí una inexplicable sensación de serenidad y alivio.

Vas a lograrlo. Eres fuerte.

 No lo soy, solo finjo serlo.

 Pero lo estás intentando, y eso te hace valiente.

 No creo que pueda lograrlo.

 Lo lograrás, y lo haremos juntos.

La persona equivocada

Dejé de culparme.

Durante mucho tiempo, me castigué en busca de respuestas,
intentando entender qué había hecho mal para que te fueras.

Me sentía culpable por no haber podido retenerte,
e incluso llegué a justificar tus mentiras.

Pero finalmente entendí que no había nada malo en mí.

Por más que me esforzara y me vaciara
intentando llenar un corazón que no quería ser llenado,
jamás habría sido suficiente.

Porque no importa cuánto demos de nosotros,
si se lo damos a la persona equivocada,
al final, no habrá valido de nada.

Y yo, le entregué todo,
a la persona equivocada.

Olvidarte

Aún estoy en el proceso de descubrir cómo irme,
pero cada día me acercó más a esa despedida
que tanto postergué.

Aún no sé cómo olvidarte,
pero estoy aprendiendo a soltarte
sin que se me rompan las manos en el intento.

Empiezo a dejar atrás la idea de lo que pudimos ser,
porque entiendo que fuimos
lo que estábamos destinados a ser. Y ya está.

Aprendo a no aferrarme al pasado,
ni a suplicarle al futuro que te traíga de vuelta.

Aunque aún no tengo todas las respuestas de cómo olvidarte,
empiezo a entender que ya tú no estás en mis preguntas.

No sé exactamente cómo irme,
pero ya he comenzado a empacar mis sueños
para irme con ellos hasta ese lugar al que tú,
ya no podrás volver.

Tu nueva versión

El dolor que sientes no te está matando,
te está transformando.

Sé que no lo vas a entender ahora,
y que lo único que quieres es devolver el tiempo
para que todo vuelva a ser como antes.

Pero dale tiempo al tiempo,
de mostrarte que lo que estás viviendo
es parte de algo más grande.

Confía en que cada lágrima derramada, cada noche de insomnio
y cada momento de angustia tienen un propósito.

Y que después de esto, amarás la nueva versión de ti.

**NO PERMITIRÉ NUNCA MÁS
QUE VUELVAN A HACERME SENTIR
QUE NO VALGO,**

**PORQUE SÍ VALGO
Y MUCHO.**

Es una promesa.

Fingir

Cuando me dicen:
«eres fuerte»
se me hace un nudo en la garganta
y me cuesta respirar.

Porque todos me ven por fuera,
pero nadie es capaz de ver que por dentro,
en realidad estoy hecha pedazos.

Posdata: DEJARÁS DE DOLER

Cápsulas para reflexionar
NO TRATES DE OCULTAR TUS HERIDAS

En este mundo, la idea de ser emocionalmente fuerte se ha distorsionado. Llorar y expresar nuestras heridas se percibe como debilidad, y se nos enseña a esconder nuestras heridas tras una fachada de sonrisas falsas. Sin embargo, la verdadera fortaleza radica en la capacidad de reconocer y aceptar nuestras vulnerabilidades. Llorar cuando lo necesitamos, expresar nuestras emociones con honestidad y valorar nuestras experiencias, incluso las dolorosas, también son signos de fortaleza y valentía.

Reconocer y valorar nuestras heridas y experiencias, es lo que nos muestra hacia dónde queremos ir y sobre todo, hacia donde nunca más queremos regresar. Las heridas se convierten en cicatrices que nos recuerdan todo lo que tuvimos que enfrentar y superar para convertirnos en la persona que somos hoy. En esa persona que tomó sus errores y los transformó en oportunidades de aprendizaje y crecimiento.

Cada herida, cada grieta en nuestro ser, cuenta una parte de nuestra historia.

La filosofía *Kintsugi* nos enseña que todo puede ser reconstruido. Esta filosofía, es una antigua práctica japonesa que consiste en reparar objetos de cerámica rotos utilizando oro u otros materiales preciosos. En lugar de ocultar las grietas y roturas, el proceso resalta y embellece estas imperfecciones, reconociéndolas como parte integral de la historia del objeto. Esta técnica no solo restaura la funcionalidad del objeto, sino que también le otorga una nueva belleza y significado, resaltando la idea de que las cicatrices y las experiencias difíciles pueden ser transformadas en algo valioso y digno de ser celebrado.

Esta técnica se ha convertido en toda una filosofía de vida, revalidando las heridas del alma y ayudándonos a centrarnos en nuestros puntos fuertes, fomentando nuestra autoestima y dándole autenticidad a nuestra hoja de vida.

Cada grieta, cada herida, cada experiencia dolorosa, cada pérdida, transforma nuestro carácter y personalidad convirtiéndonos en lo que somos. Estamos formados de todo eso y nada debe ocultarse. Recuerda que la luz se filtra por las grietas.

Capítulo 8
DECISIONES

Habían pasado tres días desde aquel suceso con mi madre y el sueño con esa anciana. No había vuelto a probar alcohol, aunque confieso que, debido a eso, mis noches volvían a ser eternas.

—Empiezo a creer que las licencias de conducir vienen dentro de las cajas de cereal, y por eso hay cada idiota conduciendo en la calle, haciendo estupidecesy causando estragos sin sentido —dijo Elena al llegar a la cafetería, visiblemente alterada.

—¿Qué sucedió?

—Sucedió que tuve que aguantar cuarenta minutos de tráfico solo porque algún idiota olvidó que los autos necesitan combustible para poder andar.

No pude evitar soltar una pequeña risita.

—Pero eso nos ha sucedido a todos alguna vez, ¿no?

—Oli, ¿sabes que los autos tienen un tablero justo frente a ti que se ilumina como el puto sol cuando necesitan combustible? Pero, dejemos eso de lado. Digamos que eres tan despistado como para no ver la lucecita. Aún así, ¿no te parece estúpido no orillar el auto cuando te das cuenta de que ya no avanza y en lugar de eso, optas por quedarte como un florero en medio de la calle, en plena hora pico?

Ella realmente se estaba tomando muy a pecho el tema.

—Bueno, pero ya estás aquí, ¿no?

—Claro, cuarenta minutos después, y mientras, tú te secabas aquí sola esperándome.

—No te preocupes por eso. Igual no tenía nada importante que hacer durante esos cuarenta minutos —dije, intentando que se relajara—. ¿Quieres algo de tomar?

—Un *Cloud Macchiato* estaría perfecto para quitarme este mal sabor de boca que cargo.

Me causaba un poco de gracia ver lo exagerada que podía ser Elena.

—Muy bien. Ya te lo consigo.

—Pero no, no, espera, déjame mostrarte primero por qué te cité aquí —propuso, mientras procedía a sacar algo de su bolsa para entregármelo. Era un folleto—. Mira para dónde vamos este fin de semana.

Pensé que era una de sus propuestas locas de escape a las que siempre me negaba, pero para mi sorpresa, se trataba de un retiro especial para mujeres con propósito, pero lo que me sorprendió no fue exactamente eso, sino el hecho de que el folleto que me entregó Elena, era el mismo que me había entregado aquella anciana en mi sueño.

—¿Cómo lo ves? Vamos a ir, ¿cierto? Porque creo que será increíble para las dos —me preguntó, y yo no podía apartar los ojos del folleto—. Vamos, Olivia, se ve súper interesante, y creo que te vendría bien. Mira todas las cosas que promete.

Con el folleto aún en mis manos, procedió a leerme toda la promesa que venía plasmada en el papel.

—No creo que sea tan interesante como lo estás haciendo ver tú. Pero sé que ese es tu don. —Dejé el folleto en la mesa, examinándolo desde la distancia, como si fuera un bicho raro.

—¿Qué don? —Elena me miró con curiosidad.

—El don de maximizar y hacer ver increíble hasta las peores cosas que nos pasan. —Le devolví una sonrisa irónica.

—Amiga, mi marido me dejó hace seis años y yo todavía sigo esperando a que se arrepienta y venga arrastrándose a mis pies por una segunda oportunidad. ¿Y qué es lo que hago mientras eso pasa?

Me dedicó una sonrisa de superioridad, esperando mi respuesta.

—Aprovechar cada oportunidad que te ofrece la vida para empoderarte, para que cuando llegue ese momento... —intenté decir con seriedad, pero Elena me interrumpió con una risa sarcástica.

—Mandarlo directito a la mierda. —Me arrebató el folleto y añadió con determinación—. Y esto, querida amiga, es una de esas oportunidades que me ofrece la vida para lograrlo. Así que tú y yo vamos a ir a ese encuentro de mujeres.

Intenté inventar mil excusas para convencerla de que no era buena idea, incluso le hablé de lo demasiado caro que me resultaba, pero ese nunca sería un problema para Elena, y solo logré que terminara diciéndome que ella pagaría todo y que si el lugar resultaba ser una mierda, no tendría que devolverle el dinero. Intenté negarme también a eso, pero su mirada era como si estuviera armando un plan maestro. Ya era una decisión que había tomado por ambas.

Eran las diez de la mañana del viernes cuando recibí la llamada de Elena. Me dolieron los ojos cuando intenté abrirlos, y asumí que se debía al hecho de haber pasado la noche entera llorando.

—Voy por ti en cuarenta minutos —fue lo que escuché.

—¿Para dónde vamos? —pregunté, con voz somnolienta.

—¿Cómo que para dónde vamos? A empoderarnos, mujer, a empoderarnos.

Tardé unos segundos en asimilar de lo que estaba hablando, y durante ese pequeño lapso de tiempo lo único que pensé era que mi amiga se había vuelto loca.

—¿Hola? ¿Sigues ahí o ya moriste?

—Sí, sí, digo, no morí, aquí estoy. Es solo que... no lo sé —balbuceé—. No esperaba que... es decir, no pensé que hablaras en serio cuando mencionaste ir a ese retiro.

—¿Y desde cuándo digo cosas que no son en serio? Mis palabras son promesas, querida, deberías saberlo ya. Y todas, todas, las cumplo. Así que vístete, que llego por ti en treinta minutos, porque ya perdiste diez mientras balbuceabas.

Tal como lo prometió, en treinta minutos estaba frente a mi casa tocando la bocina de su auto. Apenas tuve tiempo de ducharme y meter algunas cosas en una maleta, ya que según lo que dijo Elena, el retiro duraba tres días.

Lo que me preocupaba era dejar a mi hija y a mi madre durante tanto tiempo. Nunca me ausentaba tantos días de casa y adonde iba, ellas siempre me acompañaban.

—Mamá, ya tengo casi diecinueve años, puedes irte tranquila que nada me va a pasar —me dijo mi hija.

—Y yo ya tengo setenta y cinco, así que por mí ni te preocupes, que todavía puedo cuidarme sola.

Sé que esas fueron sus formas de convencerme para que me fuera tranquila.

Tomé la maleta y me dirigí a la salida.

—Mami. —Escuché la voz de mi hija y me detuve—. Todo va a estar bien, ¿vale? Diviértete mucho.

—No estoy yendo de vacaciones o a una fiesta, cariño, es un retiro.

—Lo sé, pero eso no significa que no puedas disfrutar cada momento y divertirte. Te lo mereces.

Me devolví y la abracé con la fuerza con la que abrazas a alguien que representa el motor de tu vida.

—Te amo, mami. Estoy orgullosa de ti.

—Yo también estoy orgullosa de ti, mi amor.

No pude contener las lágrimas que comenzaron a correr por mis mejillas.

—Yo no voy a llorar, ¿*okey*? Recuerda que los gatos no lloramos. Así que ve, que Elena no tardará en bajar o en armar un escándalo con la bocina del auto para que te apresures. Ya sabes que la paciencia no es uno de sus dones.

Sonreí y seguí su consejo, pero antes de irme, la abracé una vez más. Al salir, confirmé que mi hija tenía razón, ya que Elena se había bajado del auto y avanzaba hacia la entrada con evidente impaciencia.

—Pensé que te habías escapado por la ventana para no venir.

Después de esas palabras, subimos al auto y nos embarcamos en un viaje del que, una parte de mí no esperaba nada, mientras que la otra, ansiaba que fuera el comienzo de un nuevo capítulo en mi vida. Que fuera el reencuentro con esa parte de mí que necesitaba recuperar, tal y como lo prometía el folleto.

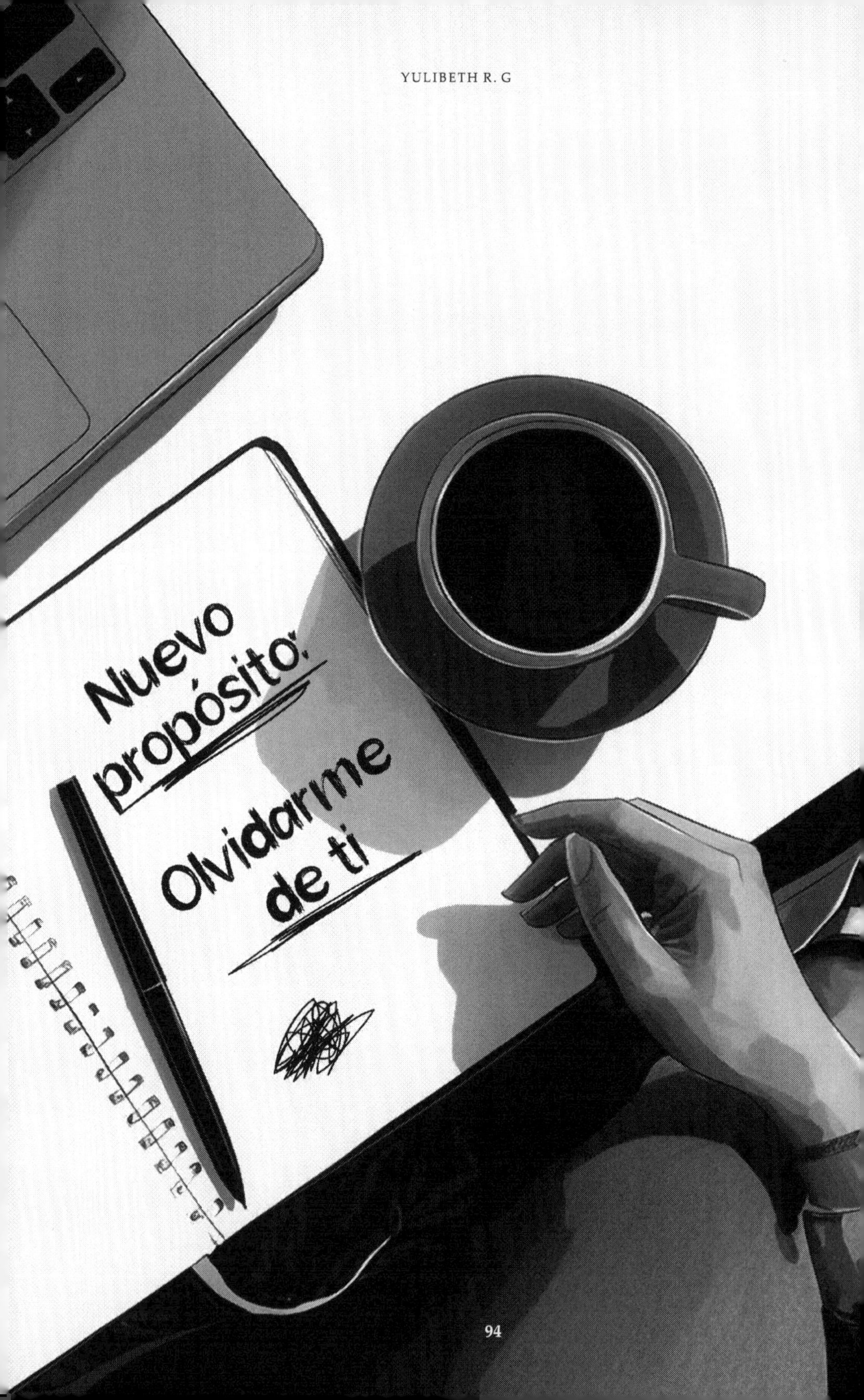
Nuevo propósito:
Olvidarme de ti

A veces es mejor

A veces es mejor dejar que las cosas sucedan como deben suceder. Dejar que todo fluya y tome el rumbo natural, sin forzar ni intentar cambiar el curso de los acontecimientos. A veces es mejor permitir que aquellos que quieran irse, se vayan, sin luchar para que se queden. Porque quien realmente quiere estar, estará sin necesidad de que insistas.

A veces, es mejor no esperar cambios que nunca van a suceder, ni respuestas o explicaciones que quizás nunca lleguen. Es mejor no esperar nada de nadie, y así evitar desilusiones. Dejar de lado las expectativas.

A veces, es mejor aceptar que aferrarse a lo que te hace daño duele más que alejarse. Porque sí, alejarse duele, pero cuando menos lo esperas, el dolor se va. Sin embargo, quedarte ahí será seguir rompiéndote una y otra vez.

NO
LO
MERECES

No mereces vivir sintiéndote insuficiente.

No mereces dormirte preguntándote qué hiciste mal.

No mereces recibir menos de lo que das.

No mereces que te traten como opción y no como prioridad.

No mereces que te busquen solo cuando quieren.

No mereces mendigar amor
ni quedarte en donde te ofrecen solo migajas.

No mereces regalarle al mundo sonrisas fingidas llenas de vacío.

MERECES el mundo entero, porque eres prioridad, eres amor

y eres todo lo que está bien en este jodido mundo.

Solo necesitas creerlo.

No le llames amor

No le llames amor a eso que tanto te lastima.

El amor no lastima. Nunca hace daño.

Porque cuando se ama, se cuida.

Así que no le llames amor si te hace llorar.

No le llames amor si cada vez que puede,
destruye lo que hay dentro de ti,
dejándote completamente rota.

No, no le llames amor por el simple hecho de que
después de romperte, quiere curarte,
porque quien te ama, no te rompe.

Y no, tu error no está en amar,
tu error consiste en llamar amor
a lo que está lejos de serlo.

Esto es para ti
CHICA DEL
CORAZÓN ROTO

Nadie lo sabe, pero tu corazón llora. En silencio, a oscuras, cuando llega la noche y todo se acalla, nadie más que tú y esa voz interna que siempre te acompaña. Esa voz que te dice: «tú puedes seguir» y, al mismo tiempo, sabotea tus pasos.

Nadie lo sabe, pero te han roto más veces de las que se pueden contar. Ahora caminas con más cicatrices que fuerzas, pero sigues avanzando, y eso es lo que te hace especial. Porque te diste cuenta de que no eres el daño que te hicieron. Porque supiste entender que no siempre recibimos lo que damos, que hay personas que pueden intentar marchitar tu alma, pero cuando en tu pecho late un corazón valiente, nunca habrá un motivo para no seguir intentándolo, para no seguir entregando amor con la certeza de que, en algún momento, la vida, el universo o el mundo te devolverá aquello que has dado de forma incondicional.

**EL DOLOR NO DURA PARA SIEMPRE,
PERO SÍ VA A DURAR EL TIEMPO
QUE TÚ TE TARDES EN ENTENDER
AQUELLO QUE VINO A ENSEÑARTE.**

Cápsulas para reflexionar
LA FELICIDAD ES UNA DECISIÓN CONSTANTE

En un mundo lleno de altibajos, donde los desafíos y las adversidades son inevitables, y todos parecen perfectos y realizados en redes sociales. En un escenario donde las relaciones son efímeras y muchos optan por rendirse en lugar de luchar. Donde todo se mueve a un ritmo frenético, elegir ser feliz puede parecer una tarea desafiante.

Sin embargo, en el corazón de esta verdad radica un poder transformador: la capacidad de tomar las riendas de nuestra propia felicidad, independientemente de las circunstancias externas.

Y es que la felicidad no es simplemente un estado pasajero de alegría o placer, sino una elección consciente que hacemos cada día. Es un compromiso con nosotros mismos para encontrar la belleza en medio del caos, la gratitud en medio de la escasez y la esperanza en medio de la oscuridad. Es reconocer que la vida está llena de momentos tanto buenos como malos, pero que nuestra perspectiva y actitud pueden marcar la diferencia en cómo experimentamos cada uno de ellos.

Al reconocer que la felicidad es una decisión constante, nos liberamos del control que las circunstancias externas pueden tener sobre nuestro bienestar emocional. En lugar de esperar a que las cosas mejoren o a que las condiciones sean perfectas, podemos tomar medidas para cultivar la felicidad en nuestras vidas aquí y ahora. Esto implica practicar la gratitud diaria, buscar la alegría en las pequeñas cosas, cuidar nuestra salud mental, física y emocional, y rodearnos de personas que nos apoyen y nos inspiren.

Capítulo 9
SEÑALES

El retiro quedaba a tres horas de distancia, y aún nos restaban dos horas de camino por delante. Viajar con Elena estaba siendo una experiencia divertida; nunca había silencios incómodos ni falta de temas de conversación. Siempre tenía alguna historia interesante que compartir, y cuando no, optaba por cantar con esa hermosa voz que Dios le había regalado. Tenía un talento increíble.

—Muero de hambre —pronunció de repente, interrumpiendo la canción que sonaba en la radio.

Yo tampoco había tenido oportunidad de comer antes de salir, así que estábamos igual de hambrientas.

En el camino, se divisaban varios restaurantes con un estilo casero. Elena aparcó el auto en un área en donde había al menos unos cinco locales. Los observó por un momento, intentando decidir en cuál comer.

Mientras tanto, en la distancia, un poco más retirado, vi un letrero de un pequeño local que decía: *Casa dell'Amore.*

—¿Podemos ir a ese? —propuse.

—¿Desde cuándo te gusta la comida italiana? Hasta donde sé, dices que toda su comida es hecha con harinas, y según tú, las harinas inflaman el cerebro.

Me encogí de hombros, porque tenía razón, no era fan de la comida italiana por temas de salud, pero no sabía muy bien por qué me llamaba tanto la atención ese lugar.

—Se ve acogedor y deben de ofrecer ensaladas en su menú.

Elena me observó con incredulidad, pero accedió.

Entramos y la atmósfera del lugar era cálida y acogedora. La luz tenue y las paredes de color terracota me generaban una sensación de calma. Mis ojos recorrieron la sala y se detuvieron en una única mesa en el centro, donde tres personas disfrutaban de sus platillos. El sonido suave de la música italiana y una sensación de hogar eran los encargados de recibirnos.

—Aquí no hay ni un alma, amiga, espero que no sea porque la comida es terrible.

—El olor es prometedor, ¿no crees?

—Quizá tienen aromatizantes que te engañan, porque cómo explicas que solo haya una mesa, mientras que los otros tienen más comensales. Hasta un ciego puede verlo, Olivia. ¿Estás segura de que quieres comer aquí?

Asentí, incluso cuando las probabilidades de que Elena tuviera razón eran altas.

—Bienvenidas a *Casa dell'Amore*. Las estábamos esperando. ¿Mesa para dos?

La señora que nos dio la bienvenida lucía una sonrisa que iluminaba todo el lugar, y nos observaba con una mirada bastante profunda, como si estuviera intentando reconocer algo en nosotras.

Elena y yo asentimos devolviéndole la sonrisa, aunque en el rostro de mi amiga había una mueca burlona y un poco escéptica.

La señora nos guio hasta nuestra mesa, nos entregó la carta y se retiró. Unos minutos después regresó y nos tomó la orden.

—Esto se siente tan excitante —soltó Elena, de pronto.

—Pero hace unos segundos no querías comer aquí.

—No hablo del restaurante, sobre eso todavía tengo mis dudas, pero me refiero a esto. —Nos señaló a ambas—. Tú y yo en un viaje por carretera, rumbo a encontrar la mejor versión de nosotras, ¿sabes? A empoderarnos y convertirnos en las putas amas del mundo, y libres de imbéciles que quieran gobernarnos.

—Amiga, tienes casi siete años sin ser gobernada, y en realidad yo nunca sentí que Héctor me gobernara. Entonces, no lo sé.

—Pero no dabas ni un paso si él no estaba contigo. O dime, ¿estando con él habrías venido a un viaje de tres días conmigo?

Me quedé en silencio unos segundos, pensando en su pregunta, mirando al pasado mentalmente para dar de inmediato con la respuesta. Que en realidad era un vergonzoso *no*.

—Pero eso hacen las parejas, ¿no es así? Estar juntas y compartir.

—Eso hacen las parejas dependientes emocionalmente, que es muy distinto —alegó Elena.

—Bueno, pero es que cuando estás enamorada, solo quieres compartir con esa persona.

—Y es el peor error que podemos cometer, porque cuando te das cuenta, ya no sabes hacer nada, ni siquiera sabes vivir sin esa persona. Los excesos nunca son buenos, y mantener nuestra independencia debería ser lo principal. Porque después, míranos.

Seguimos hondeando en el tema por unos minutos más, en los que Elena profundizaba sobre lo mal que la podemos pasar cuando nos entregamos a alguien y olvidamos nuestros propios intereses, o dejamos de lado nuestros sueños, hasta que la misma señora que nos atendió, trajo la comida. Elena había pedido unos *Ñoquis* y yo un *Risotto* de hongos, pero, a decir verdad, con la conversación había perdido un poco el apetito. Sin embargo, no quise decirle nada a Elena, que se veía tan emocionada con el viaje.

—En *Casa dell'Amore* tenemos la convicción de que la comida hecha con amor, sana cualquier dolor del corazón —expresó la señora, con la misma sonrisa con la que nos recibió—. Y aquí todos sus platillos se hicieron con el amor más grande del mundo.

—Muchas gracias —respondimos Elena y yo al unísono.

—¿Puedo hacerles una pregunta, señoritas?

Elena y yo nos observamos, pero enseguida ella respondió con un «por supuesto», el cuál yo confirmé con un ligero movimiento de cabeza.

—¿Creen que los sueños pueden ser portadores de mensajes importantes? —nos preguntó.

Si antes ya estábamos confundidas, en ese momento éramos más signo de interrogación que persona. Y la señora lo notó porque nos dedicó una sonrisa apenada.

—Lo sé. Deben estar pensando que se encontraron con una anciana loca, pero lo que sucede con mis sueños es algo que nunca he logrado explicar con palabras sin ver esa expresión en los rostros de quienes me escuchan —nos dijo, y aunque en efecto pensé que algo no estaba bien en su cabeza, ella parecía muy segura de lo que hablaba—. Todos venimos al mundo con una misión, con un don especial. El mío funciona mediante los sueños. Y no tienen que entenderlo, porque mi misión no es convertir incrédulos en creyentes, mi misión es entregar los mensajes que me son revelados en los sueños.

No sé Elena, pero yo estaba haciendo un esfuerzo sobrehumano por no ser grosera ni siquiera con un gesto. Cada uno cree en las cosas que quiere creer, y no soy nadie para juzgar. Pero realmente no entendía qué tenía que ver todo eso de los sueños con nosotras.

—Ustedes no me conocen, y yo tampoco sé quiénes son, ni mucho menos conozco las batallas que están enfrentando, pero ustedes no están aquí por casualidad. Llevaba un tiempo esperándolas para entregarles esto.

La señora nos entregó un sobre a cada una. Elena frunció el ceño de forma exagerada, y asumo que yo también lucía igual de confundida que ella.

—¿Qué es esto?

—Yo lo llamo «Respuestas de Dios», pero solo ustedes sabrán, después de leerlas, si estoy en lo correcto o no.

—No entiendo —expresó Elena, con una repentina emoción—. ¿Esto es algo así como una versión italiana de *las galletas de la suerte* que implementan los chinos en sus restaurantes? Pero claro, mucho más sofisticada.

La señora emitió una risita ante el comentario de mi amiga.

—El universo tiene una forma perfecta de actuar, y nada ocurre por casualidad. Cada evento, encuentro o experiencia en nuestra vida tiene un propósito o significado, aunque a veces no sea evidente de inmediato. Ustedes están hoy aquí por un motivo, y lo que está escrito en esa carta, solo está destinado para que lo lea la persona para la cual fue enviado el mensaje que se oculta dentro. No soy yo hablándoles, es Dios usándome como instrumento para responder esas preguntas que le hacen cada vez que miran al cielo. —La señora me sonrió con dulzura y concluyó—: Disfruten la comida.

La señora se retiró, dejando una sensación de intriga en mi interior. Me quedé observando la carta en mis manos, pensando en qué podía esconderse dentro de ese sobre.

—No habrás creído todo lo que acaba de decir la señora, ¿verdad? —La pregunta de Elena interrumpió mis pensamientos—. Es obvio que es una estrategia de *marketing* para promocionar su negocio. Apuesto a que la carta contiene un mensaje motivador con el nombre del negocio, con la intención de que la compartamos en redes sociales y le hagamos publicidad gratis. —Miró con disimulo el lugar y agregó—: Pero es evidente que la estrategia no está siendo efectiva.

—No seas cruel. La señora ha sido muy amable.

—Te prometo que no lo digo por maldad, pero estamos de acuerdo en que todo eso de los sueños y de que nos estaba esperando, es un poco raro. Algo no anda bien en su cabecita y eso es evidente.

Elena observó la carta, se encogió de hombros y procedió a comer sin darle más importancia al tema.

—¿Qué carajos es esto? —exclamó, un segundo después de haber probado su comida, al tiempo que observaba fijamente su plato, mientras se llevaba otro bocado a la boca—. ¡Son los Ñoquis más exquisitos que he probado en mi vida, por el amor de Dios!

Enseguida le di una probada a mi Risotto, y en efecto, el sabor era inigualable. Todo estuvo increíble en ese lugar, pero leer mi carta, le daría un giro inesperado a esa misteriosa parada.

Querida alma en busca de paz,

Sé que en este momento puede parecer que estás atrapada en un abismo, con el corazón roto y el alma cargada de dolor. Sé lo difícil que es levantarse cada mañana cuando sientes que el peso de la vida es demasiado grande para soportarlo. Sé que atraviesas un momento de profundo dolor y confusión. Has perdido de vista tu propósito, te sientes desorientada y desconectada de todo lo que una vez te dio sentido. Y comprendo tu angustia al no encontrar respuestas a tus preguntas.

Sé que te preguntas si alguna vez encontrarás consuelo y sentido en medio de tu sufrimiento. Pero permíteme recordarte que estoy contigo en cada lágrima que cae, en cada suspiro que tomas. Cuando te sientas perdida, quiero que recuerdes que nunca estás sola. Mis brazos están abiertos para ti. Aunque el camino pueda parecer oscuro y sin salida, estoy aquí para guiarte hacia la luz. He visto cada lágrima que has derramado y conozco cada herida en tu corazón. Tus cargas son pesadas, pero no tienes que llevarlas sola. Permíteme ser tu fortaleza en medio de la debilidad, tu paz en medio de la tormenta.

No temas al vacío que sientes, pues en él reside la semilla de tu renacimiento. No temas buscar consuelo en mí. Permíteme sanar tus heridas, restaurar tu corazón roto y renovar tu fe. Confía en que cada lágrima que derramas no es en vano; cada dolor puede transformarse en fortaleza, cada prueba puede ser superada con mi ayuda.

Confía en mí, confía en mi plan para ti. A través de este dolor, estás siendo guiada hacia una comprensión más profunda de quién eres realmente y cuál es tu propósito en este vasto universo. Recuerda que eres más que esta experiencia pasajera; eres una historia que se sigue escribiendo. Y eres amada más allá de lo que puedes imaginar, y tu vida tiene un propósito divino que se revelará en su momento adecuado.

Att:
Alguien que nunca te abandonará ni te dejará sola.

No te permitas volver

Entiendo que hablarle te calma, como si fuera tu droga. Así es como funciona la dependencia emocional. Cada mensaje, cada llamada, te da una breve sensación de alivio, una chispa de esperanza que te envuelve en una falsa seguridad. Pero esa tranquilidad es efímera y engañosa. Te calma momentáneamente, pero en realidad, te ata más fuerte a un ciclo de dolor y retrocesos.

Piensa en esto: cada vez que cedes y vuelves a buscarle, estás prolongando tu propio sufrimiento. Le estás dando el poder de definir tu bienestar emocional, de influir en tu estado de ánimo. Cada vez que vuelves, le das una oportunidad más para herirte, para defraudarte. Y, lamentablemente, lo hará. Volverá a irse, y cuando lo haga, el dolor será aún más profundo, porque habrás retrocedido. Te habrás perdido a ti misma, otra vez, por un rato más con él.

Al final, no eras tú

Siempre creí
que éramos dos almas gemelas
que se encontraron para salvarse.
Me costó un millón de lágrimas entender que,
al final... *no eras tú.*

Posdata: DEJARÁS DE DOLER

Un día sí, otros no tanto

Un día me siento triste,
y al siguiente estoy furiosa.

Un día te amo con todo mi ser,
y al siguiente te odio con cada fibra de mí.

Un día pienso que lo mejor es que te hayas ido,
y al siguiente no sé cómo seguir adelante sin ti,
y solo deseo que vuelvas.

A veces, la incertidumbre y el miedo me consumen,
a otras, tengo la certeza de que saldré de esto,
y volveré a estar bien.

Llora

Sí, llora todo lo que necesites,
pero hazlo por ti. No llores por esa persona
que no te valoró.

Llora porque te faltaste el respeto,
porque no te valoraste lo suficiente,
porque te rebajaste hasta olvidarte de ti misma.

Llora todo lo que necesites,
pero luego, levanta la cara,seca tus lágrimas
y demuéstrale que ni él ni nadie, tienen el poder,
de derrumbarte, y que sigues siendo bella,
con tu desastre y el alma rota.

Nadie sabe cómo irse

Nadie sabe cómo alejarse, hasta que irse se convierte en la única opción.

Nadie sabe cómo decir adiós, hasta que dejar ir a alguien es la única forma de protegerse a sí mismo del dolor que causa quedarse.

Nadie logra marcharse cuando aún ama, hasta que entiende que es necesario priorizarse para comenzar a sanar.

Nadie sabe cuándo es el momento de partir, hasta que siente que quedarse duele más que irse.

Nadie sabe cuánto más debe esperar, hasta que ve que la espera no cambia ni mejora nada.

Nadie sabe cuándo dejar de insistir, hasta que comprende que seguir intentándolo ya no tiene sentido y solo prolonga el dolor.

A veces, debes partir no porque lo deseas, sino porque no queda otra opción. Comprendes que la única persona a la que debes aferrarte es a ti misma, para dejar de conformarte con lo que ya no te hace feliz y así soltar lo que ya no forma parte de tu vida.

Todo va a estar bien

No voy a decirte que no llores o que no vale la pena. No voy a decirte que no estés triste, porque no funciona de esa forma. Pero quiero ser quien te recuerde, sin importar cuántas veces tenga que hacerlo, *que todo va a estar bien.* Entiendo que es difícil, que duele, y mucho, pero vas a salir de esta.

Sé que nadie te preparó para lo que estás pasando. La tristeza te ahoga, la ansiedad te consume por dentro, y pareciera que el dolor no tuviera final, pero lo tiene. Un día se acaba, ¿sabes por qué? Porque él solo ha venido a hacerte más fuerte. Y cuando se vaya, ya no serás la misma de ayer, y eso también está bien.

Confía en lo que está pasando, confía en tu proceso, en lo que está preparando el universo para ti. Y siéntete orgullosa de lo que has logrado. Mírate, por favor, eres valiente, incluso cuando te duele el alma y no consigues fuerzas para seguir, pero lo haces. Sigues adelante, y eso es extraordinario.

No estás sola. Estoy aquí para recordarte que eres más fuerte de lo que piensas, más valiente de lo que crees y más capaz de lo que imaginas. Tómate tu tiempo, respira hondo y sigue adelante. Un día mirarás atrás y verás que todo esto tenía un propósito. El dolor no es eterno, pero tu fortaleza sí lo es.

Así que sigue intentándolo. Cada paso que das, por pequeño que sea, es una victoria. Cada día que decides levantarte y enfrentarte a tus miedos, estás ganando. Y recuerda siempre que, aunque parezca imposible ahora, en realidad no lo es. El dolor es temporal, pero lo que habrás aprendido durará para siempre. Ten fe en ti misma y en el camino que tienes por delante.

Me Rompiste

pero al final, terminé descubriéndome
en cada uno de mis pedazos.

Cápsulas para reflexionar
PUEDES MORIR MAÑANA.

A veces olvidamos lo efímero de nuestra existencia. Estamos tan inmersos en nuestras rutinas y preocupaciones que pasamos por alto una verdad fundamental: hoy estamos aquí, pero mañana es incierto. Si el mañana no llegara, ¿cómo desearías haber vivido tu último día en este mundo?

Imagina que el reloj marca el final de tu tiempo. ¿Qué recuerdos te gustaría que te acompañaran? ¿Te gustaría recordar un día lleno de tristeza y miedos, o uno en el que hayas celebrado cada momento y vivido plenamente? En momentos de dolor, puede ser fácil quedar atrapado en la tristeza, y más cuando alguien que alguna vez fue importante en nuestra vida decide irse, dejando un vacío.

Pero pregúntate: ¿Vale la pena gastar tus últimos segundos en alguien que ha elegido alejarse y vivir su vida sin pensar en ti? El tiempo es un recurso precioso, y cada minuto cuenta. En lugar de permitir que los recuerdos dolorosos y las personas que ya no están definan tu existencia, elige enfocarte en lo que te hace sentir verdaderamente viva.

La vida no es una garantía, es una serie de momentos fugaces que deben ser vividos al máximo. Cada día es una oportunidad para buscar la felicidad, para amar, para reír y para crear recuerdos que valgan la pena. No permitas que el miedo al futuro o el dolor del pasado te impidan disfrutar del presente.

Recuerda: si hoy es tu último día, haz que cuente, y no dejes que el tiempo se te escape en preocupaciones innecesarias o en la tristeza por aquellos que se han ido.

Capítulo 10
ALMA DE MUJER

Las siguientes dos horas de camino, transcurrieron en completo silencio. Elena mantuvo su fachada de mujer fuerte, aunque al leer su carta, tuvo que apartarse de la mesa para ocultar que le había afectado más de lo que estaba dispuesta a admitir. Por mi parte, rompía en llanto cada vez que lo recordaba. El contenido de esa carta se sintió como una estocada a lo más profundo de mi ser, tocando una fibra sensible que había permanecido dormida por demasiado tiempo. Fue como si hubiera despertado a una parte de mí que sabía que se había perdido, una parte que anhelaba ser redescubierta y abrazada.

Era increíble pensar que esa señora, que nunca nos había visto antes, ni nosotras a ella, había logrado plasmar en una hoja todo lo que estaba sintiendo. Cada palabra resonó en lo más profundo de mi ser. Intentamos que la señora nos diera una explicación más lógica de por qué nos había hecho esas cartas, pero lo único que nos dijo fue: «Algunas cosas solo se entienden cuando se miran con el corazón. Porque hay situaciones que no necesitan ser explicadas, sino sentidas. A veces, las respuestas van más allá de la lógica, y más cuando provienen de algo mucho más grande que nosotros mismos», llevó su mirada hacia arriba, y no fue necesario que lo dijera, porque enseguida supe que hablaba de Dios.

El último tramo del viaje nos llevó por una carretera bordeada de una extensa alfombra verde y montañas rocosas, famosa por sus bodegas vinícolas y sembradíos de uvas. A medida que avanzamos, nos encontramos con acogedoras comunidades rurales de casas de madera, donde la vida parecía seguir un ritmo tranquilo y pausado, alejado del bullicio de la ciudad.

Unos minutos más tarde, llegamos a la dirección indicada en el folleto. Elena estacionó el auto y ambas bajamos nuestras maletas para dirigirnos a la entrada, donde nos recibió una mujer de unos cincuenta años, con cabello rubio, que llevaba puesto un vestido estilo túnica *beige* adornado con estampado de flores marrones.

—Bienvenidas a «Alma de Mujer», el refugio para todas aquellas que desean conectar con su esencia más profunda y encontrar la paz interior que tanto anhelan —fueron las palabras que usó la mujer para recibirnos, las cuales sentí que fueron dirigidas directamente a mí—. Mi nombre es Adhara, y estaré a cargo de guiarlas en este viaje.

La mujer irradiaba una increíble paz, y en su rostro se dibujaba una sonrisa tan genuina que iluminaba todo a su alrededor.

Las instalaciones parecían haber sido cuidadosamente diseñadas, y me invadió un sentimiento de vergüenza al pensar en lo que Elena habría gastado para que estuviéramos allí, aunque de igual forma iba a pagárselo. Sin embargo, también me preocupaba que fuera tiempo y dinero mal invertidos, y que al final del retiro, no experimentara ningún cambio significativo en mí.

La mujer se encargó de entregarnos el itinerario, e invitarnos a la cena de bienvenida que se celebraría a las siete de la noche de ese día.

—¿Sirven vino? —preguntó Elena—. Digo, no sé si este sea un lugar espiritual, pero si Dios convirtió el agua en vino, es porque lo aprueba, ¿no? Y no es casualidad que estén ubicados en medio de vinícolas.

La mujer le dedicó una sonrisa antes de responder. Mientras que yo lo único que quería era golpear a la imprudente de mi amiga. ¿Quién llega a un lugar como ese pidiendo alcohol? Solo Elena.

—Mi madre, la fundadora de Alma de Mujer, era una gran admiradora del vino en todas sus presentaciones, pero hubo una época en la que su dolor, lo convirtió en su somnífero por excelencia. Porque como todos sabemos, no son las herramientas que usamos, sino cómo las usamos, lo que nos lleva por caminos errados, y el exceso o mal uso de algunas, siempre tiene consecuencias —comenzó a explicar la mujer, sin quitar la sonrisa de su cara, y no pude evitar sentirme identificada con sus palabras—. No es casualidad que mi madre eligiera hacer Alma de Mujer aquí, rodeada de vinícolas.

—¿Y por qué lo hizo? ¿Para tener más vino a su alcance?

Le di un codazo a Elena, con disimulo.

—No. —La mujer soltó una risita, y en realidad parecía no estar molesta en absoluto por las imprudencias de Elena—. Lo hizo para enfrentar su debilidad. Para demostrarse a sí misma cada día lo fuerte que podía ser si se lo proponía. Para mostrarle al mundo y, sobre todo, a sí misma, que no importa cuán tentador sea el entorno, su fuerza interior puede ser mucho más poderosa. Tanto que puedes, incluso convertir tu dolor más grande en una fuente de inspiración y sanación para los demás. Pero solo si te lo propones aquí. —Llevó su dedo hasta su sien, para luego señalar su corazón y añadir—: Y aquí.

De pronto, sentí una gran conexión y curiosidad por esa mujer de la que hablaba. Quise saber más de ella, de su historia, de lo que representaba ese lugar. Me intrigaba cómo había logrado transformar su dolor. Era la segunda vez que escuchaba sobre convertir tu dolor en algo diferente, aunque la primera vez había sido solo un sueño. Pero nadie terminaba de decirme cómo podía lograrlo.

¿Cómo se transforma algo que te duele tanto, que te desgarra por dentro, en algo positivo?

Y de pronto lo sientes.
Sabes que ha llegado el momento de
seguir adelante y confiar en que
todo empezará a ir mejor.

Personas

Cuando comprendes que tienes a tu lado
personas que te aman.

Personas que agradecen cada día tu existencia.

Que valoran tenerte en su vida,
y la fortuna de haber coincidido contigo,
dejas de sufrir por aquellos que no quieren quedarse.

Y es justo ahí cuando te das cuenta de que tu valor
no se mide por quienes se van,
sino por quienes eligen quedarse.

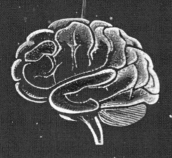
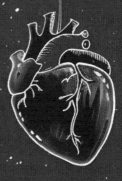

El problema suele estar en que
la mente sabe, lo que el corazón
no quiere aceptar.

Sin ti, pero conmigo

Cierro los ojos, y ya no te veo.

He aprendido a conocer más de mí,
desde que dejé de enfocarme en saber más de ti.

El dolor sigue ahí,
como un recordatorio de lo que pudimos ser,
pero ya no le pido al cielo que te traíga de vuelta.

No te culpo, ni me culpo a mí misma,
ahora dejo que el tiempo haga su labor,
sanando las heridas que necesiten ser sanadas.

Ya no le tengo miedo a la vida sin ti, y tu ausencia ya no pesa.

Ahora sé que puedo querer y que me quieran como quiero.

Cierro los ojos, y ya no estás,
porque ahora soy yo quien ocupa tu lugar,
porque desde que no estoy contigo,
he aprendido a estar **más conmigo**.

Heridas

No te avergüences de tus heridas,
llévalas con orgullo.

En lugar de verlas como tus enemigas,
mejor conviértelas en tus aliadas.

Porque son ellas las que siempre te recordarán
lo valiente que has sido.

Ellas siempre formarán parte de tu historia,
esa historia que seguirás escribiendo,
pero ahora desde la experiencia de una persona
que le tocó caerse, hasta llegar al hueco más profundo
y que tuvo que levantarse,
limpiar sus lágrimas
y seguir adelante.

Para ti, que te hicieron creer que era amor

El amor no es eso que te hicieron creer. No son celos, gritos e inseguridades. El amor no es sentirte menos. No es esa jaula en la que te hacen sentir. No son las alas que te rompen a diario para que no puedas irte lejos.

El amor no son falsas promesas o verdades a medias. No es dormirte preguntándote qué es lo que está mal en ti. No son dudas. El amor no es ese «necesito espacio para saber qué quiero». Si fueras lo que quiere, no necesitaría alejarse, y tú, eres lo que cualquier persona querría en su vida.

El amor no es eso que te hicieron creer.

El amor no te apaga, el amor ilumina hasta las partes más oscuras de tu ser. No te hace esconderte tras tus miedos, te ayuda a enfrentarlos y te enseña a amar, incluso, tus propios defectos.

Cuando quieras recaer,
cierra los ojos y encuentra
dentro de ti, los motivos
que te hicieron salir de ahí.

Es Hora.

NO TE FALTÓ NADA

Cuando salimos de una relación, es normal preguntarnos, ¿qué me faltó? ¿En qué fallé como mujer?

Y permíteme ser yo quien te responda esa pregunta: No te faltó nada, ni mucho menos fallaste como mujer. No podemos hacernos cargo de las carencias o los vacíos de los demás. Cada persona tiene su propio conjunto de necesidades y desafíos internos que no siempre se pueden satisfacer a través de una relación.

Es fundamental recordar que el valor y la dignidad de una mujer no se definen por el éxito o fracaso de una relación amorosa. Tu valía no disminuye porque alguien más no haya podido apreciar todo lo que eres. Por lo general, las rupturas reflejan incompatibilidades o problemas personales que no tienen nada que ver contigo ni con tu esfuerzo.

La verdadera pregunta no debería ser «¿Qué me faltó?», sino «¿Qué puedo aprender de esta experiencia?». A través de este proceso, puedes crecer y entender más sobre ti misma, tus necesidades y tus límites, entendiendo que nada de lo que pudieras hacer o haberle dado, habría sido suficiente si esa persona, no resuelve primero el origen de sus problemas o vacíos.

Así que, permítete ser humana, aceptar que hiciste lo mejor que pudiste con lo que tenías en ese momento, y recuerda que tu valor como mujer está intacto, independientemente de las circunstancias de una relación fallida. Deja de torturarte, de menospreciarte y de pensar que fue tu culpa.

Es hora de dejar de cargar con la responsabilidad de las carencias ajenas y de comprender que mereces amor y respeto, empezando por el que te das a ti misma.

Capítulo 11
LOS SIETE ESPEJOS

Despertamos a las seis de la mañana para el desayuno, ya que la primera actividad era a las siete. Tenía un tiempo sin poder dormir bien, y no sé si se debía a la tranquilidad del lugar, pero fue la primera noche en mucho tiempo que sentí que realmente pude descansar.

La noche anterior solo había sido una cena de bienvenida para conocer un poco de Alma de Mujer, y socializar con las otras personas que estaban en el retiro. Eran varias guías mujeres, que se encargaban de dirigir y orientar a los grupos.

—¿Por qué hay solo frutas? No entiendo. ¿En dónde está la proteína que necesita mi cuerpo para empezar el día? ¿En dónde está mi café? —refunfuñó Elena, mientras observaba toda la barra.

—¿Puedes dejar de ser tan gruñona y tomar algo de lo que hay aquí? —la regañé, con tono juguetón.

—¿Y cómo se supone que sobreviva el día entero sin mi dosis de cafeína? Ya sabes cuáles serían las consecuencias. No creo que quieras arriesgarte ni arriesgar a los que nos rodean.

—Sobrevivirás. Y tranquila, ya he sobrevivido en otras oportunidades, así que podré manejarlo y proteger al mundo de ti, no te preocupes.

—Bueno, no me hago responsable de mis actos.

Se sirvió un vaso de jugo de naranja, tomó una rebanada de pan, la mordió con algo de brusquedad y se dirigió a una mesa con mala cara. Yo solo sonreí porque estaba acostumbrada a sus berrinches de niña pequeña en cuerpo de mujer.

Treinta minutos después, estábamos sobre una pequeña colina con vistas a un lago precioso, acompañadas de cinco mujeres más. Frente a nosotras, se encontraban siete espejos del tamaño de una persona, cada uno decorado con un marco dorado, que brillaba bajo la luz del sol.

—Todas las que estamos aquí, alguna vez hemos escuchado hablar sobre eso que llaman «amor propio»... —dijo Adhara, la misma mujer que nos recibió el día anterior, quien apareció justo detrás de nosotras y caminó hacia los espejos. Su voz era tan suave y armoniosa que te relajaba con solo escucharla hablar, y con esa voz continuó—... Pero a menudo lo vemos como algo ajeno, algo distante, porque rara vez somos conscientes de nuestra propia falta de amor propio. Nos cuesta reconocer cuánto nos damos de amor a nosotras mismas, pues estamos más enfocadas en brindárselo a los demás: padres, hijos, esposos, amigos y prójimos. Nos han inculcado la idea de que amarnos demasiado es egoísta, y algunos incluso lo catalogan como narcisismo, y eso nos ha alejado de la verdadera comprensión de lo que significa el amor en sí.

Hizo una pausa, se observó en uno de los espejos, y una sonrisa se dibujó en su rostro mientras permanecía en silencio por algunos segundos, mirando su reflejo y enseguida retomó el discurso.

—Porque lo primero que debemos comprender es que el amor siempre comienza con nosotras mismas. La manera en que te amas a ti misma determina cómo amas a los demás y cómo te amarán ellos de vuelta.

Todas permanecíamos en silencio, hasta que una de las mujeres comenzó a sollozar, tratando de contener el llanto. Giré para mirarla, procurando no ser indiscreta, y la vi secándose las lágrimas, apenada. Elena también la estaba observando, pero su expresión era la indiscreción hecha persona.

—Esta actividad la llamamos: «Los sietes espejos del amor propio», y para llevarla a cabo, necesito que cada una se sitúe frente a un espejo.

Enseguida, todas hicimos lo que nos pidió la mujer.

—Muy bien, ahora, enfóquense en la imagen que ven a través del espejo. Mírenla a los ojos, mientras inhalan y exhalan lentamente.

La mujer imitó el movimiento de inhalación y exhalación en tres ocasiones, y todas seguimos su ejemplo. Ahí, frente al espejo, estaba yo, pero no me gustaba lo que veía. No me reconocía. Por lo tanto, me resultaba difícil llevar a cabo el ejercicio.

—Dejen que sus pensamientos se disipen. Eviten criticarse, juzgarse o resaltar lo que consideren incorrecto en la percepción de ustedes mismas. Por un momento, aparten esos pensamientos y permitan que su mente se vacíe. Concéntrense en sus respiraciones. Silencien su voz interior por un instante y presten atención a la mía. Al sonido del viento. Al canto de las aves.

Mientras tanto, ella continuaba respirando profundamente mientras se movía en torno a nosotras.

—Ahora, por favor, cierren los ojos —ordenó con suavidad—. Sientan cómo su pecho se expande con cada respiración. Perciban cómo cada inhalación es un recordatorio de lo bondadoso que ha sido Dios, al permitirles estar vivas hoy. Enfóquense en los latidos de su corazón que les recuerdan que aún pueden sentir, amar y experimentar la belleza de estos momentos que nos regala el universo.

Sin darme cuenta, me dejé envolver por su voz y sus palabras, sumergiéndome en un estado de plenitud que no había experimentado en mucho tiempo. Cada palabra parecía guiarme hacia una paz profunda y una sensación de armonía que había estado anhelando.

—Ahora, abran los ojos y vuelvan a encontrarse con la persona que ven frente al espejo. Tómense su tiempo para reconocerla, para abrazarla con ternura. Observen sus heridas, que hoy son insignias de su fortaleza, recordatorios de las batallas que ha librado y las victorias que ha alcanzado. Admírala por todo lo que ha tenido que superar, por su capacidad de levantarse una y otra vez a pesar de los desafíos. Ama cada parte de ella, incluso aquellas que consideras imperfectas, porque son las que la hacen única, las que la hacen humana. No seas tan dura con ella cuando se equivoque; en lugar de eso, abrázala con compasión, permitiéndole entender que los errores son oportunidades para crecer y aprender. Y, sobre todo, permítele a esa persona que ves en el espejo, ser humana, vulnerable y merecedora de todo lo bueno que tiene el mundo para ofrecerle.

Mientras me veía al espejo, unas lágrimas comenzaron a deslizarse por mis mejillas sin poder evitarlo. Había pasado tanto tiempo desconectada de mí misma, que al mirarme otra vez de la forma tan profunda en la que esa mujer me estaba invitando a hacerlo, fue una experiencia dolorosa, pero también transformadora. Fue como si en ese momento, frente al espejo, me estuviera reencontrando con una parte de mí misma que había estado perdida por mucho tiempo.

—Ahora, por favor, tomen la nota que está adherida al espejo, y lean en voz alta lo que está escrito.

Me amo y me acepto como soy. Y no necesito de la aprobación de los demás. Reconozco que soy única y valiosa, con todas mis fortalezas y mis debilidades. Mis experiencias, mis desafíos y mis victorias forman parte de mi historia y me hacen quien soy hoy. Me perdono por mis errores y me permito crecer y aprender de ellos. Y perdono a quienes me hicieron daño, entendiendo que sus acciones no determinan ni quién soy ni lo que valgo. Desde ahora, Desde ahora, me comprometo a cuidar de mí misma, a tratarme con amabilidad y a recordar siempre que merezco amor, respeto y felicidad en todas las áreas de mi vida. Que soy suficiente, soy capaz, soy valiosa y soy amor.

El problema no fuiste tú

Tú no eres la mala del cuento,
solo fuiste un corazón que lo entregó todo,
que confío en alguien que no supo
apreciar lo que le diste.

El problema no fuiste tú,
sino aquel que no supo ver,
a la increíble persona que perdió,
por no saber cuidar un corazón tan sincero
como el tuyo.

No necesitas a alguien
que te haga sentir
mariposas en el estómago,
necesitas a alguien
que le brinde paz
a tu corazón.

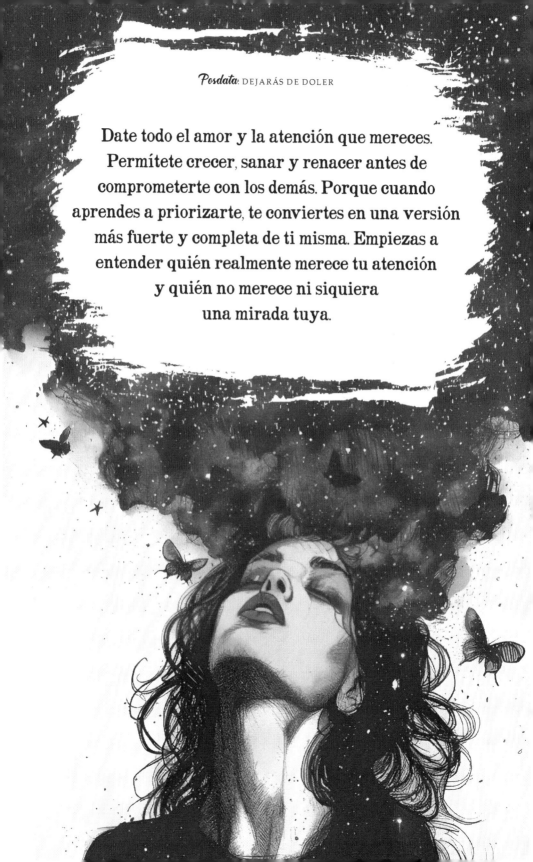

Posdata: DEJARÁS DE DOLER

Date todo el amor y la atención que mereces.
Permítete crecer, sanar y renacer antes de
comprometerte con los demás. Porque cuando
aprendes a priorizarte, te conviertes en una versión
más fuerte y completa de ti misma. Empiezas a
entender quién realmente merece tu atención
y quién no merece ni siquiera
una mirada tuya.

CONSEJO DEL DÍA

Si sientes que el dolor te ahoga y te aprieta el pecho hasta no poder respirar, significa que aún estás con vida y que aún tienes esperanza.

Es importante que sepas que ese nivel de dolor que estás sintiendo ahora, es una muestra de tu fortaleza interior.

Permítete sentirlo en toda su intensidad, sin reprimirlo. Que te duela todo lo que tenga que doler. No caigas en el error de construir una coraza contra el dolor demasiado pronto. Esto solo retrasará tu proceso de sanación y ocasionará una explosión emocional más adelante.

Aprende a entender lo que te quiere decir tu dolor, sumérgete en él para descubrir su mensaje. Solo así podrás comenzar a sanar y a reconciliarte contigo misma.

No retrocedas, por favor

Si estás a punto de rendirte, te pido, no lo hagas. Si estás a punto de retroceder, por favor, no lo hagas. Sé que el dolor es insoportable, y puede parecer más fácil volver a donde te hicieron daño, donde todo parece familiar y seguro. Las segundas oportunidades no son para todo el mundo. Y no se puede volver a confiar en las manos que ya una vez te soltaron. No cedas, y si estás por hacerlo, recuerda todas esas noches en las que las lágrimas eran tu único consuelo. Recuerda esos días en lo que no tenías ni la fuerza para levantarte, y a él no le importó saber cómo estabas. Has llegado muy lejos. Hemos avanzado mucho. Y poco a poco empiezas a sentirte a gusto contigo misma. Estás descubriendo cosas de ti que ni siquiera sabías. No permitas que el miedo y la incertidumbre te hagan volver al lugar en donde te hirieron. Confía en ti y en tu capacidad para superar este desafío. No estás sola en este camino. Estoy aquí para ti, al igual que tantas otras personas que te aman y te valoran.

Así que por favor, no te rindas. No retrocedas. No vuelvas a donde te hicieron tanto daño. Quédate contigo.

Una Respuesta de Dios

En los momentos más oscuros, donde la esperanza parece desvanecerse, recuerda que la fe en Dios es nuestra guía. Él siempre tiene un plan perfecto, aunque a veces no lo entendamos. Sus respuestas a nuestras oraciones pueden no ser las que esperamos, pero siempre serán las que merecemos.

Proverbios 3:5-6
"Confía en el Señor con todo tu corazón y no te apoyes en tu propia prudencia; reconócelo en todos tus caminos, y él enderezará tus veredas."

Sé que has enfrentado días llenos de desafíos y noches de inquietud. Pero en medio de tu debilidad, la fortaleza de Dios se hace más evidente. Él te levanta y te sostiene, preparándote para una vida más plena y llena de su amor. Aunque ahora no lo entiendas, cada prueba es una preparación para las bendiciones que están por venir.

La justicia y el amor de Dios no fallan. Aunque las tempestades de la vida intenten derribarte, su paz te dará la fuerza para superarlas. Mantén la fe y el corazón abierto, porque lo que Dios tiene reservado para ti es mucho más grande de lo que puedes imaginar.

Ni los miedos,
ni el dolor más grande,
tienen poder sobre un corazón
que es sostenido por Dios.

Así que, alimenta tu espíritu
y tu fe, para que sean tus miedos
los que mueran de hambre.

Quiérete tanto

Quiérete tanto que cuando alguien quiera irse de tu lado, seas tú quien lo guíe a la puerta.

Quiérete tanto que no permitas que nadie te haga sentir menos de lo que eres, ni te dé menos de que mereces.

Ámate tanto como para ponerte siempre en primer lugar, y nunca permitirte ser una opción secundaria para alguien.

Quiérete tanto como para no aceptar migajas de amor, para entender que la persona adecuada no te hará sentir incompleta ni insegura. Para entender que la persona adecuada no tendrá dudas sobre su deseo de estar a tu lado.

Quiérete tanto que cuando esa persona se vaya, te quedes con la certeza de que estás mejor sola que mal acompañada, y con la convicción de que mereces un amor sincero.

Que tu amor propio sea tan grande para dejar ir a quien quiere irse, y puedas comprender que, al final, quien realmente debe quedarse a tu lado es alguien que sepa ver, apreciar y amar a la maravillosa persona que eres, sin peros ni condiciones.

Quiérete tanto que, pase lo que pase, siempre tengas la fuerza y la seguridad de que tú eres suficiente.

Quiérete tanto que tu amor propio se convierta en el estándar de cómo otros deben amarte. Que la idea de perderte sea lo que asuste a los demás, y nunca al revés.

Quiérete tanto que, al final del día, puedas mirarte al espejo y sentir orgullo de la persona que ves, porque sabes que has elegido amarte incondicionalmente, tal y como eres.

Mood del día:

✧ Viviendo.

✧ Aprendiendo.

✧ Aceptando lo que no puedo cambiar.

✧ Trabajando en lo que sí puedo mejorar.

✧ Agradeciendo lo que sí tengo.

✧ Soltando lo que no me suma.

✧ Confiando en lo que Dios tiene preparado para mí.

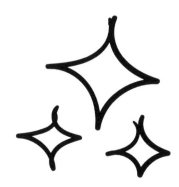

Tuve que ser fuerte

Y cuando creí que no podría,
tuve que sacar fuerzas,
incluso de donde no tenía.

Tuve que ser fuerte,
porque aunque había personas a mi lado
que intentaban cuidarme,
nadie tenía por qué reparar
lo que alguien más rompió.

Tuve que ser fuerte
y abrazarme en medio de mi dolor.
Ser la luz en mi propio oscuridad.

Tuve que ser fuerte,
y aceptar que cuando no se gana,
se aprende, pero nunca se pierde.

Y menos, cuando al perder,
terminas ganando lo mejor de ti misma.

EN LA GRATITUD ESTÁ EL SECRETO

Muchas veces nos dejamos cegar por los momentos difíciles que nos golpean. Se nos nubla la vista y no somos capaces de ver más allá de la oscuridad que nos rodea.

Pero, imagina un viaje nocturno por un bosque. La luna está oculta tras las nubes, y apenas puedes distinguir el camino delante de ti. En ese momento, podrías dejarte consumir por el miedo y la incertidumbre, o por el contrario, podrías encender una linterna y buscar la belleza que se esconde en ese bosque y en la oscuridad. La gratitud es esa linterna que ilumina nuestro camino, permitiéndonos ver las bendiciones que aún nos rodean, incluso en medio de la adversidad.

Cuando practicamos la gratitud, no estamos ignorando los desafíos que enfrentamos, sino que estamos cambiando nuestra perspectiva sobre ellos. Reconocemos que, a pesar de las dificultades, aún hay motivos para estar agradecidos.

Es por eso que hoy quiero invitarte a prácticar la gratitud.

¿Qué le agradeces hoy a tu cuerpo?

_____

_____

Nombra tres personas que agradezcas que estén en tu vida:

1.- _____

2.- _____

3.- _____

¿Qué comiste hoy por lo que tengas que agradecer?

_____

_____

_____

¿Qué te hizo sonreír hoy?

_____

_____

¿Qué viste en la naturaleza o a tu alrededor que te hiciera sentir gratitud de poder observarlo?

_____

_____

_____

¿Qué lugar visitaste o en qué lugar estuviste que te hizo sentir agradecida?

_____

_____

_____

RECUERDA LA FAMOSA Y SABIA FRASE QUE DICE:

«Cuando la vida es dulce da gracias y sonríe.
Cuando es amarga, da gracias y crece».

TAREA DEL DÍA

Busca tus audífonos y escucha esta canción:

«*Por las veces*» *de Conchita*.

Cierra los ojos y déjate llevar.

Capítulo 12
LA MOCHILA

La primera actividad del día había removido hasta la última fibra de mi ser. Me hizo reflexionar sobre tantas cosas que nunca me había detenido a considerar. Porque es cierto, rara vez nos tomamos el tiempo para evaluar cuánto nos amamos o cuidamos a nosotras mismas, porque, por lo general, estamos más enfocados en amar a alguien más.

Y es en ese momento, justo cuando falta esa persona y no sabes a dónde redirigir el amor que creías que era suyo, que te enfrentas al descubrimiento de que ese amor siempre te pertenecía a ti misma.

—¿Cómo te sientes? —le pregunté a Elena, curiosa.

—Hambrienta. Así me siento.

—Pero me refiero a la actividad.

—Olivia Miller, con hambre nadie puede pensar, reflexionar, amarse a sí misma, ni escuchar los latidos de su corazón. Lo único que se oye es un estómago rugiendo. Mis tripas han armado una huelga aquí dentro, y no tengo forma de ponerle fin porque aquí me tratan como si fuera un guacamayo que solo se alimenta de frutas.

Elena siguió quejándose durante un buen rato, hasta que llegó la hora del almuerzo y nos ofrecieron una variedad de opciones que la dejaron un poco más satisfecha. Aun así, seguía insistiendo en que necesitaba su dosis de café y un trozo de carne para ser verdaderamente feliz. Incluso intentó sobornar a algunas empleadas de la cocina y a las meseras para que le consiguieran lo que quería, pero no encontró a nadie dispuesta a aceptar el soborno.

La siguiente actividad estaba programada para las cinco de la tarde, lo que nos dio tiempo de comer con calma y conocer un poco más de las instalaciones.

—Debo confesar que estoy un poco decepcionada del lugar. Tenía la esperanza de conocer al amor de mi vida aquí, pero, a menos que cambie de bando, no veo ninguna otra posibilidad de que eso suceda.

Solté una risita por su comentario.

—Aunque estuviera lleno de hombres, no habría ninguna posibilidad de igual manera. Has tenido cientos de oportunidades y has conocido a buenos candidatos, pero siempre te saboteas cuando sucede. ¿Por qué sería diferente si conocieras a alguien aquí?

—Si llamas buenos candidatos a Raúl, que todavía llevaba el anillo de su esposa fallecida; a Esteban, que necesitaba dormir con la manta que su madre le regaló cuando tenía cinco años; o a Richard, que planchaba las sábanas hasta quitar la última arruga con una expresión digna de un asesino en serie, entonces definitivamente tenemos diferentes definiciones de lo que es un «buen partido», querida amiga.

Sonreí porque, en parte, tenía razón. Sin embargo, también sabía que había tenido algunas oportunidades reales para intentarlo, aunque nunca lo admitiría. Reconocerlo significaría aceptar que no se daba la oportunidad porque aún guardaba la esperanza de que Antonio, su exesposo, regresara arrepentido.

Y una parte de mí temía profundamente verme reflejada en ese mismo espejo. Temía desperdiciar años de mi vida esperando algo que no tenía certeza de que sucediera. En ese momento, lo último que pensaba era en rehacer mi vida con alguien más, pero tampoco quería pasar años pensando en Héctor. Luchando por olvidarlo mientras una parte de mí aún lo esperaba. No quería eso. Tampoco quería olvidarme de él por completo. Lo único que anhelaba era sanar todo lo que me dolía y poder recordar lo nuestro con amor, y sin ningún tipo de rencor.

Eso era lo único que necesitaba. Volver a estar bien, sin él.

Faltaban diez minutos para la siguiente actividad, e íbamos tarde debido a que Elena se demoró una eternidad decidiendo qué ponerse. Alegaba que no perdería la esperanza de que, quizá, por obra de Dios, apareciera un hombre en el lugar y resultara ser el amor de su vida.

Cuando llegamos al área en donde se desarrollaría la actividad, ya todas estaban ahí, incluso nuestra guía. Nos incorporamos al grupo evitando hacer el menor ruido posible.

—«Soltar para poder recibir», es una frase que escuchamos con frecuencia, pero que ponerla en práctica puede parecer casi imposible. —Escuché decir a Adhara—. Y esto se debe a una fuerza que nosotras mismas, de forma inconsciente, ejercemos sobre eso que no queremos soltar. —Hizo una pausa—. Y es a lo que llamo «resistencia».

Poco a poco empecé a adentrarme a lo que explicaba, ansiosa por saber a qué lugar de descubrimiento interno me llevaría.

—La resistencia al cambio, a la esperanza, a la idea de querer que determinada situación sea de una manera específica, y que es justo lo que nos impide aceptar lo que verdaderamente es. Esa resistencia que es como un ancla invisible que nos mantiene atados a lo que no queremos soltar. Estancados en un mismo lugar por miedo a enfrentarnos a lo desconocido, y nos hace aferrarnos a lo conocido, incluso cuando nos daña y no nos beneficia.

Todas escuchábamos con atención.

—Es por eso por lo que hoy, intentaremos soltar esa resistencia que no nos deja avanzar. Porque solo cuando logremos desconectarnos de eso que nos mantiene atado a lo que fue, podremos conectarnos con nosotras mismas y con aquello que tienen preparado Dios y el universo para nosotras.

Eso era justo lo que quería, y aunque Elena no lo admitiera, también era lo que ella estaba necesitando desde hacía mucho tiempo atrás.

—Ahora, tomen estas mochilas, y acompáñenme, por favor.

Adhara nos señaló unas mochilas que posaban en el piso, que no me había percatado de que estaban ahí, se dio la vuelta y comenzó a andar. Cada una tomó una mochila y la seguimos de inmediato. Enseguida, nos guio por un camino rocoso.

—Recuérdame por qué pensé que venir aquí sería divertido, por favor —soltó Elena, con la respiración agitada—. De todos los lugares posibles, elegí uno donde me torturan, y para colmo tuve que pagar para que lo hicieran.

—Querías una aventura juntas, pues, estoy segura de que esta será inolvidable —respondí como pude, porque también me faltaba el aire.

Llevábamos aproximadamente cinco minutos de caminata, pero el peso de las mochilas, cuyo contenido desconocía, se hacía cada vez más insoportable. A medida que avanzábamos, sentía que el peso aumentaba con cada paso. Todas las demás mujeres, también parecían tener dificultad para avanzar.

Unos minutos después, la mujer se detuvo y nos observó en silencio. Todas parecíamos estar agonizando por la falta de aire, mientras que ella se veía fresca y ligera. Se quedó unos minutos más en silencio, hasta que observó que, poco a poco, recuperábamos el oxígeno.

—La vida, generalmente, es como una mochila —comenzó a explicarnos, mirándonos con una expresión serena—. Desde el momento en que nacemos, comenzamos a llenarla con experiencias, recuerdos, emociones y vivencias. Algunas son fáciles de llevar, otras pueden parecer manejables, pero con el tiempo, si no somos conscientes y no hacemos un esfuerzo por liberarlas, pueden convertirse en una carga muy pesada y difícil de cargar.

Adhara volvió a hacer silencio, y se dedicó unos segundos a observar hacia el horizonte.

—Cuando nuestra mochila está demasiado llena, nos volvemos más lentos y nos cuesta avanzar, ya que cada paso se siente como una lucha. Las cargas emocionales nos distraen, nos agotan y nos impiden ver las oportunidades que se presentan en nuestro camino. Por ejemplo, ¿alguna de ustedes pudo ver a las ardillas jugueteando en el camino? ¿O notó el pequeño santuario de mariposas monarcas revoloteando sobre las plantas?

Todas nos observamos confundidas. En mi caso, no vi nada de lo que había mencionado.

—Bueno, eso sucede cuando estamos distraídos. Es en esos momentos cuando dejamos de apreciar lo que nos rodea, por estar enfocados en todas nuestras cargas. Es entonces cuando debemos detenernos y revisar lo que estamos llevando —nos explicó, para enseguida agregar—. Ahora, vengan conmigo.

Caminó hasta llegar a un pequeño cuenco para hoguera, encendió un cerillo y prendió fuego. Acto seguido, nos pidió que formáramos un círculo, que nos pusiéramos cómodas y colocáramos nuestras mochilas frente a nosotras.

—Abran sus mochilas —dijo con voz tranquila.

Un escalofrío recorrió mi espalda cuando, al abrir la mochila, me encontré con una serie de objetos que representaban las cargas emocionales que había estado arrastrando. Entre ellos, había una variedad de piedras con palabras grabadas: resentimiento, culpa, pensamientos negativos, malos hábitos, quejas, expectativas, frustraciones, decepción, soledad, sueños no cumplidos y desamor. Además, encontré una cadena con un papel que rezaba: «Miedos que te atan al pasado». Junto a ello, había una hoja y varios bolígrafos.

—Para aligerar nuestra mochila, necesitamos aprender a soltar. Esto no significa olvidar o ignorar nuestras experiencias, sino más bien aceptarlas, aprender de ellas y luego dejar ir aquellas que ya no nos sirven. Soltar puede implicar perdonar a otros, perdonarnos a nosotras mismas, dejar atrás las expectativas no cumplidas, liberarnos de relaciones o situaciones que nos dañan y aceptar que algunas cosas están fuera de nuestro control. Aligerar nuestra mochila nos permite reconectarnos con nuestra esencia, con aquello que hemos olvidado de nosotras mismas, nos permite reencontrarnos con nuestros sueños y darles entrada a nuevas oportunidades y experiencias. Nos libera para abrazar el presente y abrirle los brazos al futuro.

Luego de esas palabras, Adhara nos invitó a pararnos frente al horizonte, para luego arrojar cada piedra después de repetir: «Hoy dejo ir...», seguido de la emoción que estaba escrita en cada piedra. Convirtiendo la actividad en una experiencia liberadora.

La guia concluyó la actividad invitándonos a escribir en la hoja todas aquellas cosas que deseábamos liberar de nuestra mochila, para luego proceder a quemarlas frente a la pequeña hoguera que había encendido. Era como presenciar toda esa carga transformarse en cenizas. Sentí cómo el fuego y el viento trabajaban en conjunto para despojarme del peso que llevaba en mi espalda, dejándome con una sensación de ligereza y liberación.

Lo que no liberas, te retiene. Lo que te retiene, te limita y no te permite avanzar. Al vaciar nuestra mochila de todas esas cargas que arrastramos, descubrimos que la vida comienza a pesar menos y empezamos a disfrutar más de lo que antes, por estar distraídos, no éramos capaces de apreciar.

Frustraciones

Miedos

Culpa

Rencor

Opiniones ajenas

Inseguridades

Escribe aquí todas esas cosas que deseas sacar de tu mochila, para poder caminar por la vida con más ligereza.

_____

_____

_____

_____

_____

_____

_____

_____

_____

_____

_____

_____

_____

_____

_____

_____

_____

_____

_____

**ES DIFÍCIL CAMBIAR A ALGUIEN
QUE NI SIQUIERA ACEPTA
QUE NECESITA CAMBIAR.**

PREGUNTAS DE AUTOCONOCIMIENTO:

1.- ¿QUÉ COSAS ME HACEN SONREIR CON FACILIDAD?

_____

2.- ¿QUÉ ACTIVIDADES ME HACEN SENTIR BIEN?

_____

3.- ¿CUÁLES SON MIS TRES VALORES PRINCIPALES?

_____

4.- ¿QUÉ ME GUSTARÍA MEJORAR DE MÍ MISMA?

_____

5.- ¿QUÉ MOMENTO DE MI VIDA ME GUSTARÍA REPETIR?

_____

6.- ¿CUÁLES SON LAS TRES COSAS QUE MÁS ME GUSTAN DE MÍ?

_____

_____

_____

7.- ¿QUÉ ES LO QUE MÁS VALORO DE LA VIDA?

_____

8.- ¿QUÉ ME GUSTARÍA HACER ANTES DE MORIR?

_____

9.- ¿QUÉ QUIERO QUE LOS DEMÁS RECUERDEN DE MÍ?

_____

10.- ¿QUÉ LECCIÓN APRENDÍ ESTA ÚLTIMA SEMANA?

_____

Mejor amiga

Cuando te conocí,
nunca pensé que te convertirías en mi alma gemela.

Porque sí, hay amistades con las que tienes una conexión
que pareciera que viniera de otras vidas.

Y tú, sin saberlo, te conviertiste en mi hogar,
en ese lugar seguro al que siempre puedo ir
cuando lo necesito.

HAY AMISTADES QUE SIN DARSE CUENTA, SE CONVIERTEN EN ESA PERSONA QUE SIEMPRE VAMOS A NECESITAR EN NUESTRAS VIDAS PARA ESTAR BIEN.

Y tú, eres una de ellas.

Lo que los demás piensen

Que no te importe lo que los demás piensen de ti ahora.
Ellos no han sido testigos de todas las veces que te has levando,
incluso cuando la vida misma te pasa toneladas. Ellos no han visto
cómo el llanto te oprime el pecho hasta dejarte sin aliento,
ni han presenciado cómo te consuelas tú sola.

Nadie ha tenido que ver cómo intentas arreglarte frente al espejo,
mientras las lágrimas arruinan una y otra vez tu maquillaje,
y aún así, te arreglas y sales a comerte el mundo.

Entonces, que no te importe lo que los demás piensen,
tú sigue brillando y buscando en ti misma,
esa felicidad de la que tanto eres merecedora
y que tarde o temprano, conseguirás.

Eres valiente

Eres valiente, incluso cuando la incertidumbre te rodea,
cuando tus pasos titubean en la oscuridad,
cuando los miedos nublan tu horizonte,
y la duda pesa en tu corazón.

Eres valiente, en los días grises y los momentos oscuros,
cuando te enfrentas a ti misma en el espejo,
y no encuentras la imagen que esperabas,
pero aún así, te abrazas con amor.

Eres valiente cuando permites que las lágrimas caigan,
cuando permites que la vulnerabilidad te envuelva,
cuando dejas que la tristeza sea tu compañera,
y encuentras fuerza en tu fragilidad.

Eres valiente, no por tu ausencia de miedo,
sino por tu capacidad de enfrentarlo,
de seguir adelante a pesar de él.

Eres valiente,
porque incluso con el corazón hecho añicos,
todavía sonríes e iluminas la vida
de todos aquellos que te rodean.

Ya tú estás completa

Dejarás de decepcionarte cuando dejes de buscar a alguien
para que se convierta en el amor de tu vida,
y comiences a convertirte en ese alguien
con quien tú quieras pasar el resto de tu vida.

Recuerda que el amor real comienza desde dentro,
en cómo nos amamos y valoramos a nosotros mismos,
para luego, poder amar a alguien más,
sin expectativas,
sin carencias,
sin miedos,
sin la necesidad de que te completen
porque simplemente...
Ya tú estás completa.

Cápsulas para reflexionar
ABRAZA TÚ ESENCIA MIENTRAS TE EMBARCAS EN EL VIAJE DE CONVERTIRTE EN TU MEJOR VERSIÓN

Es normal que después de una ruptura, pasemos por ese momento en el que nos desconocemos. En el que no sabemos quiénes somos ni qué queremos. En el que olvidamos cuál era nuestra esencia antes de sentirnos tan vacías y perdidas.

Por eso, es fundamental recordarte que necesitas abrazar quién eres para comenzar a descubrir quién deseas ser. Solo al conocerte a ti misma, podrás recordar todo lo que habías olvidado de ti, porque sí, todo eso que eras, sigue estando ahí, en tu interior.

Así que abrázate mucho. Tómate tu tiempo para estar sola, para estar contigo misma, para explorarte. Mírate en el espejo y sonríe, regálate la carcajada más fuerte que puedas. No estás loca por reírte contigo misma; es un paso hacia la sanación. Busca tu canción favorita y cántala a todo pulmón, que no te importe lo que digan tus vecinos; canta y baila sin límites.

Aprovecha para descubrir nuevas actividades que te apasionen. ¿Recuerdas esos pasatiempos o *hobbies* que disfrutabas tanto? Tal vez sea el momento de retomarlos o de explorar otros nuevos. Puede ser pintar, escribir, cocinar, hacer ejercicio, practicar yoga, disfrutar de un buen libro mientras observas un atardecer. Aprovecha de hacer cualquier actividad que te haga sentir viva y conectada contigo misma.

Enfócate en ti.

Quiérete más a ti.

Entrégate todo el amor posible.

Para que luego, puedas compartir ese amor con los demás.

Pero siempre sabiendo que tú,

ahora eres la prioridad.

Querida yo:

Te busqué entre los escombros donde te había abandonado, pensando que allí estarías en plenitud. Necesito recuperarte y abrazarte tan fuerte que puedas sentirte amada y protegida por primera vez. Que tu alma nunca más vuelva a sentirse humillada y despreciada por personas que no supieron cuidarte. Te prometo que no dejaré que vuelvan a lastimarte, no permitiré que vuelvan a jugar contigo.

Te abrazaré y te cuidaré desde ahora en adelante. Te enseñaré el verdadero valor del amor, para que nunca más necesites de alguien para sentirte plena, y nunca más aceptes amores a medias basados en mentiras y engaños.

A partir de ahora, te enseñaré a amarte a ti primero, a valorarte, a edificarte y, sobre todo, a comprenderte, para que no tengas que obligarte a comprender y aceptar las carencias de otros, olvidándote de ti misma.

Te lo prometo.

Con el tiempo

Con el tiempo, entiendes que no estás para aceptar amores de a ratos, ni amores mediocres. **Con el tiempo** te quedas sin ganas de ayudar a quien no te agradece, de querer a quien no te quiere, de ir a sitios que no te gustan, de buscar respuestas en donde no quieren dártelas, de pedir amor en donde no les nace.

Con el tiempo, aprendes a valorar tu propia compañía, a disfrutar de la paz de estar contigo misma. Te das cuenta de que no necesitas a alguien más para ser feliz, y que tu felicidad no debe depender de nadie más que de ti. Comprendes que es mejor estar sola que mal acompañada, y que la soledad no es un castigo, sino una oportunidad para crecer y conocerte mejor.

Con el tiempo, dejas de preocuparte por lo que piensan los demás y empiezas a vivir para ti. Aprendes a decir «no» sin sentirte culpable, y a priorizar tus propias necesidades y deseos.

Con el tiempo, también entiendes que las personas vienen y van, y que aferrarte a quienes no quieren quedarse solo te lastima. Aprendes a soltar, a dejar ir sin rencor, y a agradecer las lecciones que cada experiencia te ha dejado.

Con el tiempo, te das cuenta de que la vida es demasiado corta para malgastarla en relaciones tóxicas, en trabajos que no te llenan, en preocupaciones innecesarias. Decides rodearte de personas que te sumen, que te inspiren y te hagan crecer.

Con el tiempo, aprendes a amarte a ti misma, con tus virtudes y defectos, y a aceptar que eres suficiente tal como eres. Te das cuenta de que mereces lo mejor, y dejas de conformarte con menos.

Con el tiempo, entiendes que cada día es una nueva oportunidad para ser feliz, y decides aprovecharla al máximo.

Capítulo 13
TRANSFORMAR EL DOLOR

Al día siguiente me desperté con más ánimo. Parecía que tener mi mente distraída en otras cosas me ayudaba a no pensar en todo aquello que, días atrás, no podía sacar de mi cabeza ni por un segundo. Aunque aún sentía un remolino de emociones dentro de mí, percibía cómo, poco a poco, me estaba reconstruyendo por dentro. Me sentía más liviana. Sin embargo, seguía escuchando esa voz interna que me decía, de vez en cuando, que esa sensación era temporal y que, al volver a casa, recaería en lo mismo.

Era el segundo día, y ya estábamos preparadas para la primera actividad. Me sentía emocionada y con altas expectativas sobre lo que aprendería ea mañana. Era como si una parte de mí, esa a la que le urgía renacer, se estuviera aferrando a la posibilidad de que ese lugar, nos permitiera salir de ese abismo en el que estaba sumergida.

—El dolor —comenzó a decir Adhara—. Ese malestar que, en algún momento de nuestras vidas, nos ha atrapado con tal fuerza que parece imposible escapar de sus garras. Que es tan fuerte que nos paraliza ante la vida y no nos deja avanzar —hizo una pausa meditativa—. Ese que nos rompe y nos desgarra por dentro, consumiéndonos, incluso, las ganas de vivir.

Adhara nos observó a todas con una mirada compasiva, como si estuviera tratando de ver dentro de nosotras. Como si estuviera intentando ver el dolor que nos consumía a cada una.

—Pero hoy vamos a comprender nuestro dolor, ese que, aunque parece insoportable, también tiene el potencial de transformarse.

Sus palabras me llevaron directamente al sueño que había tenido días atrás, con esa anciana en el supermercado.

¿Otra vez esa frase? ¿Transformar el dolor?, pensé.

—Pero para ello, el primer paso que debemos dar es: reconocerlo —señaló, para enseguida continuar—: Admitir que estamos sufriendo no es un signo de debilidad, sino de valentía. Y muchas personas, a menudo, nos sentimos tentados a ocultar nuestro dolor, a fingir que todo está bien. A sonreír y ocultarnos en una máscara de fortaleza que lo único que hace, es rompernos más por dentro. Porque pocos logramos entender que solo cuando somos honestos con nosotras mismas y reconocemos lo que nos duele, cuando sacamos el coraje para mirar al dolor de frente, no para enfrentarlo o retarlo, sino para abrazarlo, solo ahí podemos comenzar el proceso de liberarnos de él.

—¿Pero qué sucede cuando lo aceptas, lo reconoces, entiendes que está ahí desgarrándote por dentro, pero nada cambia?

Las palabras salieron de mi boca por sí solas, y me arrepentí enseguida de haber preguntado eso.

—Esa es una gran pregunta, pero debemos entender que aceptar y reconocer el dolor es fundamental, pero es solo el primer paso —hizo énfasis en esas últimas dos palabras—. Y que la transformación del dolor no sucede de la noche a la mañana. Que debemos verlo como un viaje, y no como un destino. Verlo no solo como algo que nos lastima, sino también como algo que nos fortalece y nos ayuda a crecer. Aceptar el dolor también significa tomar medidas para cambiar las circunstancias que nos causan ese sufrimiento, y muchas veces para esto necesitamos tiempo, paciencia y dar pequeños pasos cada día para, poco a poco y a nuestro ritmo, ir transformándolo.

Sus palabras tenían mucho sentido, y entendí su respuesta, pero también sabía que no era tan fácil como ella lo hacía ver.

—¿Alguna quiere hablar sobre su dolor? —Su mirada se enfocó en mí, pero yo no me animé. No iba a hablar de las infidelidades de Héctor y de todas las veces que lo perdoné para que al final, igual terminara abandonándome por una más joven. No pensaba exponerme a más humillaciones.

Por suerte, otra mujer dio un paso al frente, y lo que escucharía a continuación se sentiría como una bofetada directo a mi mejilla.

La mujer comenzó hablándonos de su hija, de todo lo que significó para ella traerla al mundo. De toda la felicidad que representó en su vida desde que la tuvo en sus brazos. Habló de lo difícil que se fue haciendo en la adolescencia, todos los obstáculos que tuvo que pasar con ella en su proceso de crecimiento y cómo lucharon juntas para superarlos. Sin embargo, la mujer se quebró cuando nos reveló el diagnóstico devastador que recibió Marissa, su hija, quien, a los diecinueve años, fue diagnosticada con un sarcoma maligno. Durante dos años, lucharon incansablemente contra la enfermedad en un intento desesperado por salvar su vida. Pero a pesar de todos sus esfuerzos y su amor incondicional, Marissa finalmente sucumbió ante la enfermedad.

La mujer lloró desconsolada, y en ese instante, no solo sentí mi dolor insignificante en comparación con el que debía estar sintiendo ella, sino que también me pude parar en sus zapatos por un momento, al imaginar que ella podía ser yo contando la historia de mi hija menor, quien también tenía diecinueve años.

—Mi hija me hizo prometerle que, si se iba, viviría la vida en honor a ella. Que disfrutaría de los días, de los minutos y de cada segundo que Dios me otorgara. Me hizo prometerle que tendría una vida con propósito, que sería feliz. —A la mujer le costaba demasiado hablar, y yo, mientras la escuchaba, sentía cómo mi corazón se rompía. Enseguida, la vi desplomarse en llanto y entre sollozos desesperados, agregó—: Pero no sé cómo hacerlo. No sé si pueda cumplirle la promesa, porque mi vida no tiene sentido desde que ella se fue. Y lo único que he querido desde su partida, es que Dios me lleve a su lado para poder ser yo quien la cuide, y poder abrazarla otra vez.

Esas palabras me desgarraron el alma, tanto que las lágrimas comenzaron a salir sin poder evitarlo. Adhara se acercó a ella y la abrazó con compasión, como alguien que siente su dolor como propio. De pronto, todas estábamos abrazando a la mujer, quien continuaba llorando desconsoladamente, pero que parecía recibir consuelo en nuestros abrazos.

Empecé a sentir la necesidad de ayudarla, de decirle que admiraba su fortaleza. De decirle que aunque no pareciera, lo estaba haciendo bien, porque por lo menos, lo estaba intentando. Estaba ahí, en ese lugar, en la búsqueda de una forma de honrar esa promesa, y ese ya era un gran acto de amor para su hija. Sentí la necesidad de hablarle, y eso hice.

—Estar aquí es una forma de honrar la promesa que le hiciste a tu hija. Lo estás intentando y ella lo sabe. Cada paso que das, cada intento, cada sonrisa que le dedicas cuando piensas en ella, en sus aventuras juntas. Cada sonrisa que se dibuja en tus labios cuando revives en tu mente todos esos momentos que vivieron, es un acto de amor hacia ella. Tu hija vive en tus recuerdos, en tus acciones y en el amor que siempre tendrás por ella. No intentes tener todas las respuestas ni sentirte fuerte todo el tiempo. No seas dura contigo, porque no es lo que tu hija quiere. La mayor manera de honrar su memoria es vivir con amor y con la certeza de que ella siempre estará orgullosa de ti, hagas lo que hagas.

Ese día, el objetivo era aprender a transformar el dolor, y de varias maneras, lo logramos. La primera lección fue entender que esa transformación requeriría un esfuerzo diario y no sucedería de inmediato. Para ello, la guía nos entregó una especie de manual, diseñado para acompañarnos en el proceso una vez que saliéramos de Alma de Mujer.

La segunda lección fue la comprensión de que, aunque mi dolor era importante y merecía ser reconocido, había personas enfrentando desafíos mucho más grandes que los míos. Mientras yo sentía que la vida se desmoronaba por el abandono de mi esposo, otros luchaban en batallas aún más difíciles. En ese momento, entendí que debía comenzar a apreciar más lo que tenía, a valorar lo que aún estaba presente en mi vida, en lugar de lamentar y perder de vista lo importante, por estar enfocada en lo que se había ido.

Manual para transformar tu dolor

⟩ 1.- RECONOCE Y PERMÍTETE SENTIR TUS EMOCIONES A DIARIO.

Es importante que reconozcas y te permitas sentir todas tus emociones, sin juzgarlas ni reprimirlas. Experimentar dolor, tristeza, enojo o confusión es parte natural del proceso de sanación. Ignorar o suprimir estas emociones solo las intensifica y prolonga tu sufrimiento. Recuerda que está bien no estar bien todo el tiempo. Ser amable contigo misma implica aceptar que habrá días difíciles, y que todas las emociones son válidas.

⟩ 2.- INCLUYE EL EJERCICIO FÍSICO A TU VIDA.

Incorporar el ejercicio físico a tu rutina diaria no solo beneficia tu cuerpo, sino también tu mente y tu bienestar emocional. La actividad física regular ayuda a liberar endorfinas, las cuales actúan como analgésicos naturales y elevadores del estado de ánimo. Además, el ejercicio reduce los niveles de estrés, ansiedad y síntomas de depresión, proporcionando una vía saludable para liberar tensiones acumuladas.

No es necesario que te conviertas en un atleta de élite para experimentar estos beneficios. Encuentra una actividad que disfrutes, ya sea caminar, correr, nadar, practicar yoga o bailar. La clave es la consistencia. Esto no solo mejorará tu salud física, sino que también te dará un sentido de logro y te ayudará a establecer una rutina positiva.

⟩ 3.- ELIMINA POR COMPLETO LOS PENSAMIENTOS QUE TE COLOQUEN EN EL PAPEL DE VÍCTIMA.

Te hicieron daño, es verdad, y nada justifica la forma en que te trataron. Sin embargo, permanecer en el papel de víctima no te ayudará a salir del lugar en el que te encuentras. Acepta lo que sucedió, pero no te quedes atrapada en el sufrimiento ni insistas en demostrarle al mundo que el malo fue el otro. Eso ya no tiene importancia. Tu enfoque debe estar en ti y en tu proceso de salir adelante.

⟩ 4.- ENFOCA TU MENTE EN OTRAS ACTIVIDADES.

Al enfocar tu mente en otras actividades, no solo encuentras formas constructivas de pasar tu tiempo, sino que también te abres a nuevas oportunidades y experiencias que pueden enriquecer tu vida y ayudarte a sanar.

Dedica tiempo a proyectos creativos como escribir, pintar, fotografiar o cualquier otra forma de arte que te interese o actividad que disfrutes hacer. Trabajar en un proyecto creativo o enfocar tu mente en algo que te apasione, sin importar qué tan grande o pequeño creas que sea, puede ser muy gratificante. Estos proyectos te proporcionan una salida para expresar tus emociones y te ofrecen algo tangible en lo que concentrar tu energía. Además, el proceso creativo puede ser una fuente continua de satisfacción y motivación, ayudándote a encontrar alegría y propósito en tus días.

≫ 5.- BUSCA APOYO EN LAS PERSONAS QUE TE APRECIAN.

El camino hacia la sanación emocional es más llevadero cuando te rodeas de personas que realmente valoran tu presencia y aportan positividad a tu vida. Busca el apoyo de amigos, familiares o incluso compañeros de trabajo que te aprecien y te ayuden a distraerte y a llenar tu vida de nuevas y enriquecedoras experiencias. Socializa, explora nuevos pasatiempos, planea salidas y viajes con amigos, sal de la rutina y de las cuatro paredes de tu casa. Llénate de momentos que supriman la tristeza con nuevas sonrisas.

≫ 6.- GUÍA TUS PASOS HACIA TU PROPÓSITO.

Tu dolor puede convertirse en tu guía hacia el propósito que has venido a cumplir. Mantén los ojos abiertos y busca las llaves que abrirán las puertas hacia tu destino, porque esas puertas no se abrirán solas. Atrévete a explorar nuevas experiencias que te intriguen, pero que aún no hayas intentado. Cada paso fuera de tu zona de *confort* te acerca más a descubrir tus verdaderas pasiones y talentos. Aprovecha las oportunidades para aprender y crecer en áreas que te interesen y te inspiren.

Invierte en ti misma y en desarrollar nuevas habilidades que te acerquen a tu visión de vida. Dedica tiempo y energía a adquirir conocimientos que te ayuden a avanzar en tu camino hacia el propósito. Establece metas claras y comprométete diariamente a alcanzarlas Y nunca, pero nunca te rindas.

Y LO MÁS IMPORTANTE:

NO DUDES NI TEMAS BUSCAR AYUDA PROFESIONAL CUANDO SEA NECESARIO.

He conocido a alguien

Hoy he conocido a alguien nuevo, alguien capaz de sonreír, incluso cuando el corazón le llora a mares. He conocido a alguien capaz de caminar usando el dolor como impulso, alguien que supo soltar cuando lo único que quería era aferrarse más. No la conocía y me ha gustado hacerlo, ¿sabes por qué? Porque me ha dicho que seguirá amando de la misma forma que ha amado hasta ahora, que seguirá amando con todo lo que es, sin importarle que al final, se quede sin nada.

Me ha gustado conocerla porque solo ella supo acercarse a mí para decirme en un susurro: «Tranquila, todo estará bien», y me abrazó como si su propósito era curarme el alma.

Hoy he conocido a alguien nuevo, alguien que me enseñó que a una mujer completa no se le ofrecen amores a medias, no se le dibujan universos imaginarios ni se le hacen promesas basadas en un amor incierto. He conocido a alguien tan valiente como para llorar sin miedo a sentirse vulnerable, a sentirse expuesta. Alguien capaz de sentir felicidad por aquel que hoy, sonríe sin ella. Hoy he conocido a alguien que me recordó que no se puede vivir con la ilusión del mañana, porque todo lo que necesita está aquí, ahora, y justo frente a ella.

Me ha gustado conocerla y saber que era yo, conociendo una nueva versión de mí misma.

HOY ME MIRÉ EN EL ESPEJO
Y LO ENTENDÍ:

Soy hermosa y tengo mucho que ofrecerle al mundo.

Nadie como tú

Debes aceptar que hay amores
que solo vienen a enseñarnos
lo que no queremos en nuestra vida.

Y tú mereces mas de lo que esa persona te daba.

Mereces sentir que te valoran,
que te cuidan,
que te respetan.

Mereces que te hagan sentir
que no hay nadie mejor que tú.
Porque aunque te hayan hecho creer lo contrario,
no hay nadie como tú.

No dudes de eso ni por un segundo.

Mejor sola

Ella se cansó de amores mediocres, de los desplantes y las pocas atenciones. Se cansó de las promesas vacías y de la falta de actos que demostraran el interés.

Ella se cansó de mendigar cariño y de conformarse con migajas. Se cansó de las excusas, de las mentiras disfrazadas de verdades, y de las decepciones constantes.

Se cansó de esperar por alguien que nunca llegaba y de justificar comportamientos que nunca deberían haberse justificado. Se cansó de sentirse sola aun estando acompañada, de las noches en vela preguntándose qué hizo mal, y de los días llenos de incertidumbre y tristeza. Se cansó de darlo todo y recibir casi nada a cambio.

Mejor sola, pensó, que atada a un amor que no la hacía sentir viva.

Ella aprendió a valorarse y a disfrutar de su propia compañía, sin necesidad de esperar a que alguien más le hiciera sentir completa. Entendió que es mejor estar sola, que con alguien que no se siente afortunado de tenerla.

Vas a poder

Aunque sientas el peso del mundo entero en tus hombros,
vas a poder seguir.

Claro que sí.

Vas a volver a encontrar motivos para sonreír,
nuevos momentos te recordarán por qué sigues aquí.

Las lágrimas van a cesar,
y el dolor, un día, va a desaparecer.

Las noches ya no serán eternas,
y el sol, volverá a brillar para ti.

La fortaleza que llevas dentro
te llevará más lejos de lo que imaginas.

Vas a poder, y lo harás con más fuerza que nunca.

Décretalo, y sucederá.
Créeme.

Yo también

Yo también le rogué para volver a intentarlo.

Yo también inventé cientos de excusas para poder escribirle.

Yo también le pedí que por favor se quedara.

Yo también lloré noches enteras
esperando un mensaje que nunca llegó.

Yo también le pedí al universo, que lo trajera de vuelta.

Yo también busqué en su mirada,
sin poder encontrar esa chispa de lo que una vez fuimos.

Yo también luché contra la realidad,
negándome a aceptar que nuestro tiempo había terminado.

Yo también soñé con un futuro juntos,
aferrándome a los recuerdos de lo que una vez vivimos.

Yo también sentí el vacío de su ausencia,
mientras intentaba aprender a vivir sin él.

Pero también aprendí a soltar.

Aprendí que nunca puedo amar a otro, antes que a mí.

Que nadie puede darte lo que no siente o no le nace.

Aprendí que si tienes que forzarlo, entonces no es tu lugar.

Y que no se trata de amar o no,
sino, de amar bonito.

A ESTAS ALTURAS DE TU PROCESO, ¿QUÉ TE GUSTARÍA DECIRLE A ESA PERSONA?

_____

_____

_____

_____

_____

_____

_____

_____

_____

_____

_____

_____

_____

_____

_____

_____

Cápsulas para reflexionar
LA VIDA NO TE ROMPE, TE TRANSFORMA

La vida no te rompe, la vida te sacude. En cada sacudida, en cada turbulencia, hay una lección oculta, una oportunidad para renacer y fortalecer tu espíritu. A veces, esas sacudidas son tan intensas que parece que todo se desmorona, pero en realidad, son las piezas del rompecabezas que se reacomodan para revelar una imagen más completa y hermosa de lo que será tu nueva vida.

Cada desafío, cada obstáculo, es una llamada a despertar, a mirar más profundamente dentro de ti y descubrir tu verdadera fortaleza. La vida te sacude para que te des cuenta de que eres mucho más fuerte de lo que pensabas, que dentro de ti reside un poder inmenso, capaz de superar cualquier adversidad.

No son las circunstancias las que te definen, sino cómo respondes a ellas. Las sacudidas de la vida son recordatorios de que estás vivo, de que tienes la capacidad de adaptarte, de crecer y de transformar el dolor en sabiduría. Cada sacudida es una oportunidad para reinventarte, para dejar atrás lo que ya no te sirve y abrir espacio para lo nuevo.

La vida no te rompe, te moldea. Te da la oportunidad de liberarte de todo aquello que te limita, y de abrazar tu verdadero potencial. En cada sacudida, encuentras la semilla de una nueva oportunidad, de una nueva dirección, de una nueva versión de ti misma.

Agradece cada sacudida, porque te recuerda que estás en constante evolución. Confía en el proceso y recuerda que, aunque las sacudidas puedan ser duras, siempre te llevan hacia un lugar de mayor crecimiento y entendimiento. La vida no te rompe, te transforma. Y en esa transformación, descubres la belleza de tu resiliencia y la grandeza de tu espíritu.

Capítulo 14
VENCER LOS MIEDOS

Los días pasaban a una velocidad impresionante. Me gustaría poder decirles que ya no dolía, que había dejado de pensar en Héctor y de amarlo, pero eso sería mentir. Sin embargo, puedo afirmar que ya no era la misma mujer que llegó a ese lugar. Era como si mi mente tuviera un poco más de claridad. Seguía teniendo incertidumbre sobre el futuro, pero ya no era ese miedo paralizante. Ya no sentía esas ganas de volver al lugar seguro que representaba él para mí. Ya no sentía que la vida no tenía sentido si él no estaba a mi lado. Poco a poco iba comprendiendo que puedes extrañar a alguien sin desear que regrese. Puedes amar a alguien, pero cuando aprendes a estar contigo misma, cuando reconoces que también puedes estar bien, estando sola, no te hace falta nadie que venga a llenar tus vacios, porque te tienes a ti misma, y eso es suficiente.

Pero para llegar a esta comprensión, muchas veces es necesario derramar más lágrimas de las que creemos poder soportar y perder personas que nunca hubiéramos querido que se fueran.

El día anterior, en la actividad nocturna, nos llevaron a una fogata bajo las estrellas a orillas de un pequeño lago que había en el lugar.

El objetivo de esa noche era reconectar con lo que éramos antes de nuestras heridas. Con aquello que habíamos olvidado de nosotras mismas, para guiarnos hacia la búsqueda de nuestro nuevo propósito, o, mejor dicho, de ese propósito que había sido relegado a un segundo plano, pero que continuaba dentro de nosotras y que, sin importar lo que pase, siempre está ahí.

—Para seguir adelante y reencontrarnos con lo que creemos perdido, primero debemos soltar lo que nos impide continuar —expresó Adhara—. Ya dimos el primer paso ayer, cuando nos atrevimos a vaciar nuestra mochila. Ahora, el siguiente paso es salir de nuestra zona de *confort* y buscar eso que espera por nosotras.

Adhara caminó hacia un pequeño bol de madera que se encontraba al lado de la fogata, lo tomó y se lo entregó a una de las mujeres que conformaban el grupo.

—Tomen un papel de los que están dentro del bol —indicó Adhara—. Cada papel tiene una acción escrita que nos desafiará a hacer algo que nunca nos atreveríamos a intentar. El objetivo de esta actividad es llevarnos a realizar cosas que jamás imaginamos, para darle espacio a la valentía que hay dentro de nosotras y permitir que nos impulse, sin miedos, hacia el lugar donde queremos llegar.

Todas seguimos sus indicaciones y sacamos un papel. Observé a todas reírse al leer lo que decía el suyo, e incluso Elena dejó escapar una palabrota, expresando que ni muerta haría lo que ahí estaba escrito.

Mientras que el mío decía:

Baila y canta como si nadie te estuviera viendo. Como si eso abriera un portal a ese lugar al que tanto deseas llegar.

Mis mejillas se tornaron calientes. No conocía a ninguna de las personas que estaban ahí. Me llené de vergüenza en cuestión de segundos y ni siquiera había comenzado a hacerlo. Ni decidido si realmente podía cumplir con la actividad.

—El miedo al fracaso, a no llenar las expectativas, a no ser suficientemente buenas en algo, al qué dirán, a las burlas o a equivocarnos, muchas veces nos impide hacer cosas que, en el fondo, queremos y necesitamos hacer —dijo Adhara, mientras caminaba alrededor de la fogata—. Pero esos miedos solo tienen el poder que nosotras les damos. Si los enfrentamos y los desafiamos, descubriremos que somos más fuertes y valientes de lo que creemos. Porque detrás de nuestros miedos e inseguridades, se esconde un mundo de posibilidades por descubrir. Todo lo que deseamos alcanzar nos espera pacientemente al otro lado de esos temores.

Sentí que cada una de sus palabras iba dirigida a mí. Porque siempre fui de las que se paralizan ante el miedo, de las que duda de sí misma y se aferran a la seguridad de lo conocido.

—¿Quién quiere ser la primera en intentarlo? —preguntó con una sonrisa alentadora.

Por supuesto, yo no tuve el valor para ofrecerme.

La mujer que nos contó lo sucedido con su hija, fue la primera en dar el paso, y no pude evitar sonreír al ver lo valiente que era. Sin duda, tenía una motivación muy grande, y eso era admirable.

La mayoría cumplieron con lo que les indicaba el papel. Incluso Elena, que aseguró que no lo haría, accedió y tuvo que compartir el momento más vergonzoso de su vida. No puedo contarles los detalles de esa historia, ya que, como sabrán, todo lo relacionado con Elena está lleno de confidencias que no se pueden divulgar.

Cuando llegó mi turno, todavía no me sentía lista. Hacer lo que decía el papel significaba hacer el ridículo frente a todas. Mi voz siempre ha sido terrible, y para bailar, necesitaba al menos un par de tragos que me llenaran de valentía.

—Las limitaciones solo existen en nuestra mente. Son barreras autoimpuestas que nos impiden disfrutar y ser valiente. Pero solo nosotras podemos enfrentarlos, y usar esos miedos como impulso y no como limitantes. Como dijo alguien alguna vez: *Hazlo, y si tienes miedo, hazlo con miedo.*

Fueron las palabras que me dedicó Adhara cuando me vio paralizada, incapaz de mover un dedo. Cerré los ojos y empecé a respirar profundo. La vergüenza seguía ahí, al igual que esa voz que intentaba convencerme de que no hiciera el ridículo. Pero de pronto, pude silenciarla. Comencé a sentir cómo mi cuerpo comenzaba a moverse, sin importar que no existiera música. La música estaba en todo lo que me rodeaba: en los latidos de mi corazón, en el viento, en el sonido de los insectos que hacían acto de presencia, y en las palmas de todas las mujeres que empezaron a acompañar mi baile.

Acto seguido, comencé a cantar. Sin entender cómo había sucedido, me encontraba ahí, cantando y bailando frente a todas, sin miedo, sin vergüenza, sin pensar en el qué dirán. Ni siquiera pensé en si lo estaba haciendo bien o no. No me importó intentar hacerlo de forma perfecta. Solo me dejé llevar por el momento, y comencé a sentirme libre.

Y mientras me dejaba llevar por el ritmo que sonaba en mi cabeza, y cantaba a todo pulmón «***Brave* de *Sara Bareilles***», algo dentro de mí empezó a cambiar. Una sensación de libertad comenzó a inundar cada fibra de mi ser. Mis movimientos se volvieron más fluidos, más naturales, como si estuviera conectada con algo más grande que yo misma. Cada giro, cada paso, era una expresión de esa libertad recién descubierta, y confieso que... me sentía más viva que nunca.

Al concluir la canción, caí de rodillas en el suelo, exhausta, pero con una sensación gratificante dentro de mí. Con lágrimas brotando descontroladamente de mis ojos, y con una sonrisa en mi rostro, porque no estaba llorando de tristeza ni rabia, lloraba de plenitud y orgullo.

CARTA A MIS MIEDOS

Queridos miedos,

Ha llegado el momento de decirles que ya no los necesito para que continúen escondiéndome en las sombras. He tomado la decisión de dejarlos ir y permitir que la luz entre en mi vida, esa claridad que durante tanto tiempo ha estado oculta tras las murallas que ustedes mismos construyeron para mantenerme cautiva.

No volveré a usar su máscara para fingir ser alguien que no soy, ni nunca seré. Hoy, derribo la barrera que han mantenido erigida en mi vida, esa que me impedía ser yo misma.

Les agradezco por todas las veces que me mantuvieron a salvo, pero ahora estoy lista para enfrentar todos los desafíos que la vida me presente, sabiendo que ustedes están conmigo, intentando cuidarme. Sin embargo, quiero dejarles claro que esta vez no serán ustedes quienes dicten mi destino.

A partir de ahora, usaré tu presencia no como una limitación, sino como un recordatorio constante de mi fortaleza y determinación. Juntos, transformaremos el miedo en fuerza, la duda en certeza y la incertidumbre en valentía.

Reconozco que el camino puede tornarse difícil y que muchas veces querré aferrarme a ustedes, pero necesito soltarlos para poder avanzar. Esta despedida es necesaria, ya no quiero vivir con su presencia, dictando mi vida ni limitándome de las cosas que quiero hacer.

Hoy me despido, liberándome finalmente de sus cadenas. Hoy marco el inicio de un nuevo capítulo en mi vida, un capítulo donde continúo mi viaje sin ustedes. Donde yo misma soy la autora de mi destino.

Escribe una carta expresando todo eso a lo que le temes.

_____
_____
_____
_____
_____
_____
_____
_____
_____
_____
_____
_____
_____
_____
_____
_____
_____
_____
_____
_____

Esta hoja del libro fue hecha para ser arrancada y quemada. Que no te duela hacerlo. Esa ha sido su misión asignada. Así que hazlo.

ANTES DE QUEMAR ESTA HOJA, CIERRA LOS OJOS, HAZ TRES RESPIRACIONES ÁBRELOS Y LEE EN VOZ ALTA ESTA MANTRA MIENTRAS TE LIBERAS DE TUS MIEDOS:

En esta hoja dejo mis temores y abrazo cada una de las cosas que me motivan a ser fuerte. Reconozco mis sentimientos, los acepto y los transformo en sabiduría y poder. Soy valiente al enfrentar mis miedos y me libero de las ataduras que me limitan. Dejo mis miedos en esta hoja, y los convierto en cenizas, declarando que desde ahora, ya no tienen ningún poder sobre mí.

Decir adiós, también es una forma de amar

Tuve que aceptar dejarte ir,
y no precisamente porque faltara amor,
créeme, el amor siempre estuvo presente.

Pero tuve que aceptar tu partida porque al final,
entendí que había llegado nuestro tiempo de separarnos.

Que no podía seguir postergando la despedida,
y que seguir aferrada a ti,
solo prolongaba un dolor que ninguno de los dos merecía.

Hoy entiendo que la despedida, también es una forma de amar,
porque el amor, cuando es real, no posee,
sino que desea lo mejor para el otro,
incluso si eso significa *decir adiós*.

Poco a poco

Me aplaudo a mí misma por haber sido valiente
y tomar el camino de encontrarme a mí misma.

Reconozco que aún tengo un largo camino por recorrer,
pero sé que, poco a poco,
aprenderé a soltar todo aquello,
que me causa dolor.

Cápsulas para reflexionar
NUESTRO PROPÓSITO

Todos vinimos a este mundo con un propósito, con una misión de vida. Aunque a veces parece que navegamos sin rumbo, sin una dirección clara, la verdad es que cada uno de nosotros tiene un objetivo en este plano terrenal. Encontrar ese camino no siempre es sencillo y puede llevar tiempo, y a veces, puede transformarse, evolucionar o incluso tomar vías un poco turbulentas que al final, terminan transformándonos a nosotros también.

Para descubrir nuestro propósito, necesitamos estar despiertos. Y no me refiero a solo estar despiertos físicamente, sino a estar conscientes y atentos a todo lo que puede acercarnos o alejarnos de ese propósito. Nuestro propósito es el *para qué* detrás de todo lo que hacemos y todo lo que nos sucede. Porque, aunque muchas veces nos cueste entenderlo, hay desafíos, obstáculos y situaciones dolorosas que actúan como maestros y solo vienen a servirnos de guía en la búsqueda de esa misión.

Pero ¿significa que tenemos que sufrir para poder descubrir por qué estamos aquí?

La respuesta es no. El dolor no es obligatorio ni necesario, pero a menudo estamos tan distraídos que necesitamos una pequeña sacudida que nos ayude a reaccionar. Enfrentarnos a situaciones que nos rompen, doblegan y quiebran nos obliga a mirar dentro de nosotros mismos. Estas experiencias nos ayudan a desarrollar habilidades y fortalezas que no sabíamos que teníamos. Y es ahí cuando nos acercamos a ese propósito que tanto anhelamos encontrar. Porque cuando nos rompen, cuando atravesamos un dolor profundo, nunca volvemos a ser la misma persona después de eso. Pero depende de nosotras si nos convertimos en alguien mejor o si nos dejamos derribar por él. Podemos usarlo como trampolín o permitir que nos arrastre.

Capítulo 15
ENCENDER LA CHISPA

El día siguiente sería el último día del retiro, y me inundaba una mezcla de emociones indescriptibles. Acababa de cantar y bailar frente a un grupo de personas que no conocía, sin estar bajo los efectos del alcohol, y me había sentido más libre que nunca. Era como si mis alas, aquellas que yo misma había cortado en nombre del amor, se hubieran reconstruido. Y de pronto, me sentía lista para volver a volar.

Todas se fueron, pero yo sentí la necesidad de quedarme un rato más frente a la fogata, bajo la luz de la luna y un cielo forrado de estrellas que parecían querer decirme algo.

—No siempre se ve así. —Escuché la inconfundible voz de Adhara hablarme desde atrás, armoniosa y suave—. El cielo. No siempre se ve así, tan lleno de estrellas.

Se sentó a mi lado con esa sonrisa apacible que siempre llevaba, y contempló el cielo por unos segundos más.

—Hay días en los que está tan oscuro y denso que pareciera un manto negro sobre nosotros. No hay nada. No hay estrellas, no hay luna y nada brilla. Es completa oscuridad.

Otro silencio acompañado de esa mirada tan profunda y reflexiva. Como si estuviera intentando descifrar aquello que oculta ese gran misterio que representa el cielo.

—Pero las estrellas son la forma más mágica que tiene Dios de recordarnos que, no importa si a veces sentimos que nuestra luz se apaga. No importa cuánta oscuridad veamos en nuestro camino, nuestra luz siempre estará destinada a regresar, y cuando lo hace, vuelve así, como las estrellas hoy, más brillantes que nunca. Y justo de esa forma actúa nuestra propia luz, a veces se oculta, pero nunca desaparece.

Sus palabras me erizaron la piel.

—¿Y si nunca vuelve a encenderse? —le pregunté.

—Siempre lo hace, cariño, el problema es que no puede hacerlo sola. Nosotros necesitamos encenderla otra vez.

—¿Y cómo se logra?

—Dejando de luchar contra la oscuridad y empezando a aceptarla como parte de nuestro viaje. Entendiendo que para que la luz brille, primero tiene que haber oscuridad. Solo observa el cielo —me dijo, extendiendo su mano hacia arriba—. ¿Qué crees que es lo que hace que las estrellas brillen de la forma en la que lo hacen?

Miré hacia arriba, y me dispuse a analizar el cielo.

—Que el cielo es oscuro —respondí, un poco dudosa.

—Exacto —exclamó, con emoción—. Las estrellas no pueden brillar si no hay oscuridad. Nosotros, somos seres compuestos de luz y oscuridad, de momentos de alegría y momentos de dolor, de virtudes y de imperfecciones. Y al igual que las estrellas necesitan la oscuridad para brillar, nosotros también encontramos nuestra verdadera luz en los momentos más oscuros de nuestra vida.

Adhara hablaba con tanta pasión, que era imposible no sumergirse en cada una de sus palabras.

—Nuestra luz interior no se extingue del todo, Olivia. —Sus palabras resonaron con firmeza mientras sus ojos se enfocaban en mí—. A veces nos enfrentamos a un eclipse emocional, donde las adversidades parecen opacar nuestra luz, donde nos sentimos desesperados y perdidos en la penumbra de nuestras luchas. Y es ahí, cuando todo parece oscuro, que solo hace falta una chispa para que todo se encienda.

—No sé si algún día pueda volver a encender esa luz. A veces me siento tan perdida y sin rumbo. No me gusta adoptar un papel de víctima, pero siento que no he hecho nada significativo en cuarenta y siete años y ya es tarde. No tengo ni idea de qué hacer con mi vida. Y eso es tan penoso y frustrante.

Adhara giró su cuerpo hacia mí y posó su mano sobre la mía.

—Ya tú encendiste tu chispa, Olivia; es solo que te está pasando lo mismo que sucedió en el viaje con la mochila. Estás tan distraída y enfocada en la oscuridad que no viste tu luz encenderse —me dijo, para luego apretar con más fuerza mi mano y agregar—: Tú hoy, Olivia, dejaste que esa chispa dentro de ti se encendiera otra vez. Y todas la vimos, excepto tú.

—¿De qué habla? ¿Se refiere al baile horrible que hice? —dije, un poco apenada y confundida.

—Cuando Lucía lloraba desconsoladamente al recordar la promesa que le hizo a su hija, tú, con tus palabras, fuiste luz para ella, Olivia. —Adhara posó su mano en mi hombro apretándolo con suavidad y me observó con una mirada que transmitía orgullo y alegría, pero yo seguía sin entender lo que quería decirme.

—Tú, en medio de tu oscuridad y tu dolor, quisiste ser consuelo para alguien más. En ese momento, fuiste un faro para ella, una mano amiga; tú le diste esperanza a alguien que daba por perdidos sus esfuerzos.

Sus palabras comenzaron a armarse en mi cabeza como piezas de un rompecabezas.

—Quizás, sin darte cuenta, has descubierto una parte de tu propósito. Y es que, a través de tu propia experiencia y dolor, tienes el poder de guiar y consolar a otros. En tu capacidad de transformar tu sufrimiento en luz para los demás, hay una belleza inmensa. No subestimes el impacto que puedes tener, Olivia. Tal vez, tu mayor fortaleza reside en ser ese faro para quienes más lo necesitan.

Recuerda

Cuando sientas que te apagas

y no puedes seguir avanzando,

recuerda siempre el poder que hay en tu corazón,

recuerda esa luz que tienes dentro de ti,

que constantemente se apaga,

pero que solo tú...

tienes la magia de volver a encenderla.

Para: MI PERSONA FARO

Es posible que no te lo diga siempre, o que no lo sepas, pero hoy quiero agradecerte. Gracias por todas las veces que he perdido mi luz y tú has encendido la tuya para ayudarme a encontrar el camino de vuelta.

Porque cuando tuve dudas, tú te convertiste en certezas y me diste seguridad.

Porque cuando necesité acudir a ti, siempre estuviste ahí, firme esperando por mí.

Porque sin importar cuánto brilles, nunca intentas eclipsar mi luz.

Porque cuando no encontraba las razones para amarme, tú siempre me diste todas por las cuáles sí hacerlo, recordándome siempre que lo primero es amarme a mí misma.

Porque cuando necesitaba calma, tú siempre supiste convertirte en un lugar seguro.

Hoy solo quiero decirte: gracias por ser guía, apoyo, luz e inspiración. Gracias por darme seguridad, por ser refugio y estar siempre ahí, iluminando mi camino cada vez que me siento perdida.

Posdata: DEJARÁS DE DOLER

No olvides que tú también puedes ser el faro
que ilumine el camino de aquellos
que sienten que han perdido su luz.

No subestimes tu poder
de ser un rayo de luz
en la vida de alguien más.

HEY, TÚ... NECESITAS LEER ESTO:

Sé lo difícil que puede ser levantarse cuando sientes que el peso del mundo está sobre tus hombros, cuando el dolor en tu corazón parece insuperable y cuando la esperanza parece una palabra vacía.

Sé que el dolor puede ser desgarrador, que las lágrimas pueden inundar tus ojos y que la tristeza puede envolverte en el más profundo abismo.

Sé que puede ser difícil levantarse por la mañana, enfrentarse al día y seguir adelante cuando el corazón duele tanto. Sé que puede parecer que no hay sentido en seguir adelante, que todo lo que has conocido se ha desmoronado a tu alrededor. Sé que puede ser difícil creer en ti misma, en tu valía y en tu capacidad para superar esta tormenta. Puede que te sientas perdida en este momento, que no sepas cuál es tu propósito o hacia dónde dirigirte. Pero déjame decirte algo: eres más fuerte de lo que crees. Eres digna de amor, de felicidad y de todas las cosas maravillosas que la vida tiene para ofrecer. Eres capaz de lograr cosas extraordinarias, incluso cuando todo parece imposible, porque aunque no lo creas ahora, dentro de ti reside un potencial ilimitado, esperando ser descubierto. Y cada lágrima que has derramado, es una muestra de tu humanidad, de tu capacidad para sentir y para amar.

No permitas que el dolor te consuma, ni que las dudas te paralicen. Tienes el poder de transformar tu dolor en fuerza, tus lágrimas en coraje y tus desafíos en oportunidades para crecer.

Así que levántate, querida amiga. No permitas que el dolor te defina, ni que las dificultades te detengan. Porque aunque pueda parecer que el dolor durará para siempre, no será así. Muchas veces los finales, solo son el inicio de un nuevo comienzo.

Aunque no sea contigo

Me doy cuenta de que puedes seguir adelante sin mí,
mientras paso mis días aferrándome a la esperanza
de que algún día te des cuenta del error que cometiste al irte.

Mientras yo quedo estancada en el pasado,
tú sigues adelante con tu vida
como si yo nunca hubiera formado parte de ella.

Así que hoy me seco las lágrimas, me arreglo
y entiendo que ya es suficiente,
que es momento de dejarte ir.

Es hora de dejar de esperar por alguien
que ya ha seguido su camino.

Porque aunque duela, la vida sigue su curso,
y yo no puedo quedarme atrapada en un pasado
que ya no me pertenece.

Hoy entiendo que la vida continúa, aunque no sea contigo.

Despierta

Le di tantas oportunidades a alguien que nunca iba a cambiar porque no era capaz de reconocer sus fallas. Me llevó a tocar fondo, hasta el punto de perderme a mí misma. Pero un día, la vida me susurró:

Despierta

Despierta

Despierta

Despierta

Despierta

Despierta

Despierta

Despierta

Despierta

Hasta que lo hice.
UN DÍA, POR FIN, DESPERTÉ.

Tu paz mental comienza
cuando decides romper con esas relaciones
que no aportan nada positivo a tu vida.
Y sí, aplica tanto para el amor
como para las amistades.

MAÑANA

Dios tiene un propósito con todo lo que estás pasando,
y es mucho más grande que tu dolor.

No importa cuánto tarde en sanar,
o si parece imposible de superar;
confía en que lo que viene después,
porque será mucho mejor.

Créeme

YA NO ERES

Y después de creer que era imposible,
hoy me doy cuenta de que no era así.

Pude estar bien sin ti.

Ya no siento rabia al escuchar tu nombre.

No siento dolor al verte feliz sin mí.

No siento tristeza al recordar lo que queríamos ser
y no fuimos.

Mi mundo no se descontrola por una llamada
o un mensaje tuyo; mi mundo ya no eres tú.

Siempre tendrás un lugar en mi corazón,
pero hoy, por fin, ya no eres mi razón de ser
ni mi felicidad.

Cápsulas para reflexionar
NO TODO LO QUE PARECE, ES AMOR
Y EL AMOR, A VECES, NO LO ES TODO

A muchos, se nos enseña desde pequeños que el amor lo es todo, que es la fuerza que mueve montañas y que puede superar cualquier obstáculo. Sin embargo, con el tiempo y la experiencia, descubrimos que esta percepción no siempre se ajusta a la realidad.

El concepto de amor a menudo se confunde con la idea de tener a alguien a nuestro lado, compartir momentos juntos y sentir una conexión con esa persona o mariposas en el estómago cada vez que nos habla. Sin embargo, el verdadero amor va más allá de la compañía o las palabras bonitas. Hoy en día, cualquiera puede llenarte de palabrerías, decirte «te amo» y prometerte la luna y las estrellas, pero eso no significa nada si no viene acompañado de acciones que sostengan esas palabras.

A veces, la misma persona que dice amarte puede ser la que te daña, te rompe, te humilla, te irrespeta y te entrega lo que él entiende por "amor".

Es por eso que hoy, es importante reconocer que el amor no lo es todo, porque no todos sabemos amar de la forma correcta.

¿Quieres saber si te ama de verdad? Observa si sus acciones demuestran respeto y lealtad. Fíjate si te hace sentir su prioridad y valora tu compañía, así como todo lo que haces por la relación. Verifica si te brinda seguridad y si sus palabras elevan tu autoestima en lugar de hacerte sentir insegura. Observa si te permite ser tú misma junto a él, seguir tus sueños sin que intente cortar tus alas, y si te saca más sonrisas que lágrimas.

Si te mantiene en una constante sosobra emocional y angustia debido a la desconfianza que siembra con su desinterés y forma de actuar, eso no es amor verdadero. El amor no lo es todo y no garantiza el éxito de una relación si no existe un compromiso mutuo de amar sanamente, basado en principios de respeto, lealtad y cuidado. Una relación saludable no se trata de dar un cincuenta y cincuenta, sino de la entrega total del cien por ciento por ambas partes.

Capítulo 16
LA MAGIA DEL PERDÓN

Era el último día y confieso que el retiro había sido más revelador de lo que pude imaginar. Había encontrado respuestas a preguntas que ni siquiera me había formulado. Y se sentía como el inicio de un nuevo camino.

Estábamos listas para la primera actividad del último día, cuando Adhara comenzó la charla con esa voz a la cual me había acostumbrado a escuchar y que me llenaba de tanta paz.

—Todos llevamos en nuestras manos una llave invisible, capaz de abrir puertas hacia mejores lugares y, si le damos el uso correcto, capaz de abrir, incluso, portales hacia nuevos universos —dijo, para luego hacer una breve pausa, observarnos una a una con una sonrisa en su rostro, y agregar—: Esa llave es el perdón.

Escuchar esa palabra me revolvió el estómago, porque por mucho que me hayan servido las lecciones de los días anteriores, perdonar todo lo que Héctor me había hecho, para mí resultaba un acto imposible.

—Olivia, por favor, ¿puedes acercarte? —me indicó Adhara, sacándome de mis pensamientos. Aunque no estaba segura de estar lista para lo que fuera que viniera después, decidí hacerlo. Caminé hacia ella con cierto escepticismo—. Elena, ven, por favor.

Elena enfocó su mirada en mí y pude descifrar lo que decían sus ojos: ella tampoco estaba lista para esa actividad.

—Toma asiento —le indicó.

Adhara señaló una silla vacía que estaba frente a nosotras. Elena caminó hacia ella, e hizo lo que le indicaron. Enseguida, Adhara amarró una especie de cadena en mi muñeca y el otro extremo lo amarró a la de Elena, indicándome que me posicionara justo en frente de mi amiga. Ambas nos miramos con cierta confusión e inquietud.

—Olivia, necesito que cierres tus ojos, hagas tres respiraciones lo más profundas que puedas, y cuando termines, vuelvas a abrirlos.

Acto seguido, inhale y exhalé tres veces llenando mis pulmones de todo el aire que podía, y antes de concluir la tercera, Adhara continuó con las indicaciones de la actividad.

—Cuando abras los ojos, esa persona que te hizo daño y que aún no has podido perdonar, estará frente a ti.

Enseguida sentí la mano de Adhara posarse sobre mi hombro y una corriente eléctrica recorrió mi cuerpo. Hice la última exhalación y al abrir los ojos, ahí estaba él.

El pecho se me presionó y el corazón comenzó a latir muy fuerte. Unas ganas de llorar me invadieron, y no entendía lo que estaba pasando. No lograba identificar qué estaba sintiendo al tener su imagen frente a mí, pero las palabras no me salían. Sin embargo, sentí cómo una lágrima se deslizó por mi mejilla.

—El perdón es ese puente que construimos para cruzar el abismo del dolor. Es el regalo que le damos a nuestro corazón para recuperar la paz. Esa puerta que abre un nuevo camino hacia la reconciliación con nosotras mismas. Perdonar es un acto de valentía, una declaración de que no seremos definidas por el dolor que otros nos causaron —continuó Adhara, y aunque una parte de mí se estremecía con cada palabra, la otra se resistía a escuchar lo que decía.

—No puedo —fue lo único que pude decir.

—No tienes que hacerlo si no estás lista aún. El perdón no es algo que se pueda imponer o forzar. Sin embargo, me gustaría que en este momento le dijeras todo lo que te gustaría decirle a la persona que tienes frente a ti.

Me quedé en silencio, armando las palabras de Adhara como si fueran un rompecabezas que no encajaba. Hasta que, unos minutos después, pude hacer lo que me pidió.

—¿Por qué? ¿Qué más querías de mí? ¿Hasta cuándo creías que iba a soportar tanta mierda? ¿Tantas mentiras y humillaciones? Te di todo de mí, a pesar de saber que no eras fiel y que nunca lo habías sido. Siempre quise aferrarme a la esperanza de que cambiarías, que en algún momento pararías. Aun así, no te bastó mi amor. Nada de lo que hacía podía llenar tus expectativas, y seguías buscando en otras personas lo que ya tenías en casa. Siempre me pregunté si yo era un error en tu vida, me cuestioné tantas veces si era el tipo de mujer que querías para ti. Destruiste mi autoestima, me hiciste sentir insuficiente e insegura. Creí que era yo la que no era suficiente para ti. Me acostumbré a tus mentiras y a esa enferma forma de amarte que cada día me hundía más en la tristeza y desilusión. Y tú, te acostumbraste a que te perdonara, volviéndote cada vez más cruel y descarado. Te amé como nadie te amará nunca, te amé por encima de tus errores y tus fallas, de tu habilidad para mentir y de las mil formas que encontrabas para romperme el corazón. Y tú te encargaste de convertir ese amor en resentimiento y dolor.

Hice silencio porque el dolor en el pecho me impidió continuar. Las lágrimas se desbordaban de mis ojos de forma incontrolable.

—El camino hacia el perdón es como una llave difícil de encontrar, porque el tan solo hecho de buscarla, implica mirar nuestras heridas, urgar en todo aquello que nos duele, y eso hace que duela mucho más. —Adhara continuó hablando—. Entonces, lo que hacemos es convertir todo ese dolor en odio, sin siquiera concebir la idea de perdonar. Pero lo que no sabemos es que ese odio es lo que nos mantiene atadas a esa persona que nos dañó.

Todavía me costaba respirar y la presión en el pecho no se iba.

—Olivia, ahora intenta alejarte lo más que puedas de esa persona —indicó Adhara.

De inmediato hice lo que me dijo. Intenté alejarme de él lo más que pude, pero era inútil, en cada paso que daba, él venía conmigo. Intentaba ir más rápido, pero llevarlo conmigo, no me permitía avanzar.

—¿Lo ven? —dijo Adhara, con voz suave, pero firme—. Mientras sigamos atadas a ese odio y a ese dolor, no podremos avanzar.

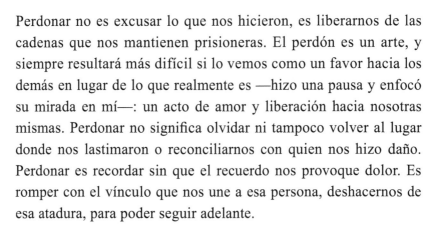

Perdonar no es excusar lo que nos hicieron, es liberarnos de las cadenas que nos mantienen prisioneras. El perdón es un arte, y siempre resultará más difícil si lo vemos como un favor hacia los demás en lugar de lo que realmente es —hizo una pausa y enfocó su mirada en mí—: un acto de amor y liberación hacia nosotras mismas. Perdonar no significa olvidar ni tampoco volver al lugar donde nos lastimaron o reconciliarnos con quien nos hizo daño. Perdonar es recordar sin que el recuerdo nos provoque dolor. Es romper con el vínculo que nos une a esa persona, deshacernos de esa atadura, para poder seguir adelante.

Sus palabras eran claras como un manantial, y de pronto, comenzaba a comprenderlo todo.

—Debemos recordar que sentir ira, dolor, culpa y resentimiento es parte del proceso, no podemos reprimirlo. Permitámonos sentir todo eso, y recordemos que el perdón es consciencia, es algo que no puede forzarse a existir —continuó Adhara—. Requiere tiempo y es un proceso revolucionario interno que no puede apresurarse. Y es que la grandeza de un corazón se mide por su capacidad de perdonar, porque cuando perdonas a quien nunca pidió perdón ni reconoció sus fallas, solo demuestras que tu corazón es más grande que tus propias heridas.

En ese momento miré la cuerda que me unía a la persona que me había hecho daño, y ya no era él; frente a mí estaba Elena, con el rostro enrojecido y cubierto de lágrimas. Sus ojos me observaban de una manera diferente, y pude descifrar su mirada: no estaba llorando por mí, Elena lloraba por ella misma.

La abracé con uno de esos abrazos que saben a respuestas, esos que tienen la sensación de nuevos comienzos. En ese instante, supe que algo había cambiado. Comprendí que era necesario, que quería perdonarlo, no por él, sino por mí. Estaba lista para intentarlo, y sentí que Elena también lo estaba. Ambas estábamos listas para empezar de nuevo, libres de ataduras y de rencores.

Cortar las ataduras

Nunca voy a olvidarte,
porque fuiste tú quien me enseñó,
a través del dolor,
de qué soy capaz.

Nunca voy a olvidarte,
porque fuiste tú quien me mostró,
que nunca debo poner a alguien
por encima de mí misma.

Gracias a ti,
conocí lo que merezco
y aprendí a reconocer
lo que no quiero en mi vida nunca más.

Nunca voy a olvidarte,
pero por fin, me libero
y corto las cadenas que me unían a ti.

Me perdono

Me perdono por haber permitido que el dolor
se prolongara tanto tiempo,
por haber cargado con un peso
que no me correspondía llevar.

Me perdono por haber callado mis necesidades y emociones,
por no haberme priorizado antes.

Me perdono por haberme perdido en el laberinto
de una relación que ya no me nutría,
por haber confundido la lealtad
con el sacrificio de mi propia felicidad.

Me perdono por todas las lágrimas derramadas en silencio,
por cada momento en el que me negué el amor
y el cuidado que merecía.

Hoy, me concedo el perdón que tanto necesito,
abrazo mis errores y defectos.

Prometo honrarme y priorizarme en todo momento,
aprender de esta experiencia y seguir adelante
con la frente en alto.

Me perdono y me libero de cualquier culpa o arrepentimiento,
porque merezco vivir en paz conmigo misma.

Desde hoy, elijo abrazar mi propia compañía,
sabiendo que soy suficiente y que merezco todo el amor
y la felicidad que entrego a los demás.

NUESTRA NATURALEZA:
EL ESCORPIÓN Y EL ANCIANO

Un día, mientras un anciano que vivía en el bosque, cruzaba el río hacia el pueblo, vio a un escorpión que se estaba ahogando en el agua. El anciano intentó ayudarlo, y en el primer intento, el escorpión lo picó, causandole un dolor insoportable en la mano que provocó que el anciano lo soltara, para que enseguida comenzara a ahogarse otra vez.

El anciano intentó ayudarlo de nuevo, pero el escorpión, temeroso, y en su desesperación, volvió a picarlo con mayor intensidad.

Alguien que observaba la escena desde la orilla del río, se acercó y preguntó al anciano: «¿Por qué sigue intentando sacarlo del agua, si sabe que cada vez que lo intente, le volverá a hacer daño?».

El anciano sonrió serenamente y respondió: «Dios le dio al escorpión la naturaleza de picar cuando se sienta amenazado, y a mí me dio la naturaleza de ayudar cuando vea a alguien que necesite ayuda. La naturaleza del escorpión, no va a cambiar la mía, que es ayudar».

El anciano tomó una hoja, y volvió a intentarlo, sacándolo del agua y salvándole la vida al escoropión.

Nunca permitas que la naturaleza de los demás cambie la tuya. Mantente fiel a quién eres y jamás te permitas caer en la tentación de hacer daño a quienes te han herido. La naturaleza de los demás no define la tuya; elige siempre el camino del perdón, porque eso es lo que verdaderamente te diferenciará de aquellos que te dañaron.

No está mal

No está mal querer un amor bonito; un amor sincero.

No es tonto amar con todo el corazón,
y esperar ser correspondido de la misma manera.

Y no, no es condicionar el amor,
porque no está mal querer recibir todo el amor
que damos a los demás.

No está mal creer en los amores a la antigua,
aquellos en los que se mostraba todo sin temor a parecer tontos,
sin miedo a que, mostrar de más, signifique vulnerabilidad.

No está mal soñar con un amor que te llene el alma,
que te haga sentir especial cada día.

No es tonto esperar un amor que te valore y te respete.

No es tonto creer que mereces vivir el amor más hermoso
que existe.

No es tonto anhelar sentirte amada cada segundo de tu vida.

Y definitivamente no está mal
desear envejecer con alguien que te elija cada día de su vida,
alguien que al verte despertar cada mañana te diga:

¿Lo ves? Sabía que serías tú.

NUEVO MENÚ
para la semana

JUGUITO
DE
PAZ
MENTAL

Sopita de
amor propio

TECITO DE
ESPERANZA

Galletitas de paciencia

PIZZA DE GRATITUD,
PERSEVERANCIA
Y EMPATÍA

Posdata: DEJARÁS DE DOLER

Cápsulas para reflexionar
OLVIDAR NO ES LA RESPUESTA QUE BUSCAS

Cuando nos enfrentamos al desamor, lo que más deseamos es olvidar todo lo que nos recuerde a esa persona que nos lastimó. Pero, intentar olvidar es como borrar partes de nosotros mismos. Cada recuerdo, cada experiencia, forma parte de quiénes somos. Es como si representaran las piezas de un rompecabezas que nos hacen únicos. Si borramos esos recuerdos, también estaríamos borrando una parte importante de lo que somos. Entonces, en lugar de tratar de olvidar, podríamos aprender a aceptar lo que pasó, entender cómo nos afectó y crecer a partir de ello. Al fin y al cabo, nuestras experiencias, incluso las dolorosas, nos ayudan a crecer y a identificar lo que ya no estaremos dispuestos a tolerar en el futuro.

Toma esta experiencia como un aprendizaje. Guarda todo lo bueno de lo que fue, e intenta usar lo malo como referencia de aquello que no quieres en tu vida. No te esfuerces en olvidar a esa persona, porque eso es imposible. En su lugar, enfócate en ti misma, en tu bienestar y en las cosas que te hacen feliz. Con el tiempo, verás que puedes seguir adelante con una nueva perspectiva. Aquello que tanto te duele se convertirá en un recuerdo de lo fuerte que fuiste y en un recordatorio de todo lo que eres capaz de lograr.

Capítulo 17
DIOS SIEMPRE FUE EL CAMINO

No podía creer todo lo que ese lugar estaba significando para mí. La transformación que estaba experimentando en solo tres días era algo que no podía explicar, pero tampoco sentía la necesidad de hacerlo. Una parte de mí sabía que todo era producto de algo mucho más grande que yo.

Desde aquella noche en que me vi perdida en los ojos de mi madre, y le imploré a Dios que me ayudara, el sueño con la anciana de los limones, el peculiar encuentro con la mujer de los sueños en aquel restaurante italiano, y cada una de las actividades realizadas por Adhara, eran una clara evidencia de que detrás de mi proceso había algo superior a mí misma.

—Me gusta verte así —dijo Elena de pronto, mientras me veía sonreír frente a mi plato de ensalada. Era una sonrisa que parecía haberse tatuado en mi rostro.

—Me siento diferente, ¿sabes? Creo que nunca me había sentido así. Y me da miedo —confesé.

—¿Qué te da miedo?

—No lo sé —dudé, mientras intentaba indagar en eso que me generaba miedo—. Me asusta que solo sea un espejismo de la realidad. Y que, al volver, vuelva a sentirme perdida.

—No tienes que pensar en eso. —Elena colocó su mano sobre la mía y añadió—: Y si te pierdes, yo estaré ahí, ya sea para ayudarte a volver o para perderme contigo si es lo que necesitas.

Sonreí, agradeciéndole a Dios por permitirme tenerla a mi lado.

—Tú también te ves diferente —me animé a decirle y ella sonrió.

—La verdad es que me siento diferente —confesó, cambiando su expresión a una más seria—. Creo que después de tanto tiempo de cargar conmigo la cruz que representa Antonio para mí, y que me ha impedido realmente avanzar hacia donde quiero, ha llegado el momento de soltarlo.

—Me parece que es lo mejor para ti.

—Estaba negada a hacerlo, porque confieso que lo que más quería era verlo sufrir como él me hizo sufrir a mí, pero ahora sé que, incluso pedirle a la vida que haga justicia, es una forma de cargar con ese resentimiento, y ya no quiero eso, ya no quiero que ni siquiera la justicia divina lo alcance. Solo deseo que sea feliz, y yo poder serlo también.

Escucharla hablar así me llenó el corazón de felicidad. Por años la había escuchado hablar de todo el mal que le deseaba a Antonio, y sabía que más allá de hacerle daño a él, se lo hacía a ella misma.

—El lugarcito parece que fue una buena inversión al final de cuentas —dijo, en tono bromista para chasquear los dedos y agregar—: Salimos desposeídas de todo demonio, hermana.

Le di un ligero golpecito con el codo, pero no pude evitar reír ante su comentario.

Dos horas después, estábamos en la segunda y última actividad, caminando por un sendero iluminado por pequeñas antorchas que nos guiaban hacia una estructura circular sin paredes, sostenida por columnas rocosas, que a pocos metros de nosotras, se alzaba con la apariencia de un antiguo templo.

—Así como existe una llave invisible que abre puertas a nuevos universos, también hay una fuerza divina, imperceptible, pero poderosa, que nos guía, incluso en la más profunda oscuridad —comenzó a decir Adhara, mientras caminaba al frente de nosotras, siguiendo también el camino iluminado—. Alguien que siempre está con nosotras, abrazándonos y que es el único capaz de darle paz a nuestro corazón herido. A quien puedes encontrar, incluso en los detalles más pequeños o aquellos que parecen insignificantes.

Adhara se acercó a una de las antorchas, de la cual colgaba una nota en forma de rollo, atado con hilo de madera. Cada antorcha tenía uno igual. Nos invitó a escoger uno y luego a compartir su contenido entre nosotras.

No te desesperes. Aunque el camino sea difícil, Yo estoy contigo, fortaleciéndote y sosteniéndote en cada paso que das.
Att: Dios

No te preocupes por el futuro, pues Yo ya he trazado tu camino. Confía en Mí y verás cómo transformo todas tus pruebas en bendiciones.
Att: Dios

En medio de todas tus luchas, encontrarás Mi paz que sobrepasa todo entendimiento. No temas, pues Yo seré tu refugio y tu fortaleza.
Att: Dios

Confía en mis planes, pues incluso en tus tiempos de mayor prueba, estoy trabajando para tu bien.
Att: Dios

Llegamos al final del camino iluminado por las antorchas y nos adentramos en la estructura. Entre sus columnas rocosas, los rayos naranjas del ocaso se filtraban, iluminando el interior con una cálida luz dorada.

—Todo lo que sucede en nuestras vidas, está destinado a un plan mayor, y nada en este mundo sucede por casualidad, así como tampoco lo es el hecho de que ustedes estén aquí —continuó Adhara—. Y todo lo que han presenciado en Alma de Mujer, todo lo que me han escuchado decir, no ha sido más que la presencia de Dios que está en cada rincón y en cada espacio de este lugar.

Un escalofrío recorrió todo mi cuerpo y sentí como la piel se me erizó.

—Dios obra a través de las personas para que, de acuerdo con Su voluntad, podamos ayudar a guiar, consolar y transformar a otras almas. Yo solo soy un cuerpo que Dios usa como instrumento para hacerles saber a todos lo que lo necesitan, que no están solos, porque Él, su amor infinito y su protección siempre están con nosotras, incluso cuando no podemos verlo.

Miré a mi alrededor y podía sentir cada palabra que Adhara pronunciaba. Podía sentir que Dios estaba ahí, iluminándonos con cada rayo de sol que se colaba por las columnas, hablándonos no solo a través de Adhara, sino también a través del viento. Sentí Su presencia en cada detalle, y por fin, mi alma comenzó a sentir esa paz que tanto había anhelado. El corazón me latía a una velocidad impresionante, pero no eran nervios ni síntomas de ansiedad, eran latidos de emoción y alegría.

Y lo siguiente que dijo Adhara, me haría saber que nunca había estado sola, que Dios siempre había estado conmigo.

—Mi madre, fundadora de Alma de Mujer, transformó su dolor en este lugar que hoy ha ayudado a cientos de mujeres a encontrar su propósito, pero más allá del hecho de que mi madre convirtiera su dolor en una fuente de inspiración no solo para mí, como su hija, sino para cada una de las mujeres que ha pisado este suelo, su verdadero legado es la humildad con la que siempre reconoció que el poder y la influencia de todo lo que aquí sucede provienen, no de ella ni mucho menos de mí, sino de Dios.

Acto seguido, Adhara encendió un reflector que apuntaba hacia una de las columnas, revelando el rostro de una mujer. Me quedé sin aliento, y una corriente eléctrica recorrió cada parte de mi cuerpo. Porque era ella, aquella anciana que había aparecido en mis sueños y que, aquella noche, después de clamarle a Dios por ayuda, me entregó el folleto que días después Elena me daría, convirtiéndolo en el boleto que me llevaría a un viaje de autodescubrimiento y reconstrucción que cambiaría mi vida para siempre.

No podía contener las lágrimas ni creer que todo eso estuviera sucediendo. Pero mi alma no necesitaba una explicación lógica para lo que estaba viviendo. Creía con una fe inquebrantable que Dios actuaba de formas misteriosas y que, después de tantas preguntas, Él había encontrado la manera de responderme. Me estaba mostrando que siempre había estado conmigo, que Su amor y misericordia me rodeaban, y que si confiaba en Sus planes, nada podía salir mal. Me hizo entender que, aunque cayera, Él siempre sería mi soporte.

Ese día, comprendí que, en cada paso de mi camino, Dios tiene un propósito para mí. Aunque yo no pueda verlo, Él sí, porque su visión tiene un alcance mayor que la mía. Él puede ver y escuchar cosas que yo no puedo, y muchas veces, Su manera de protegerme de lo que no me conviene es apartarlo de mi camino, aunque me duela y me rompa en mil pedazos. Debo confiar siempre en que Él tiene algo mejor destinado para mí y que me guiará hacia donde necesito estar.

No te preocupes, a veces la vida te arrastra lejos de lugares donde **NO** deberías permanecer.

ORACIÓN DIARIA:

Padre amado, pongo en tus manos mi dolor y tristeza, y te pido que seas tú quien sane cada una de mis heridas. Dame la fuerza necesaria para seguir adelante, el entendimiento para aceptar lo que no puedo cambiar y la sabiduría para trabajar en lo que sí está en mi control.

Ayúdame a perdonar a quienes me han lastimado y perdóname por las veces que he sentido odio y me he negado a perdonar. Te ruego que me guíes hacia el propósito que tienes para mi vida y que siempre se cumpla tu voluntad, no la mía.

En el nombre de tu hijo Jesucristo.

Amén.

Y no conocía el verdadero amor hasta que un día me encontré de rodillas, suplicando a Dios que me liberara de todo el dolor que sentía...

Y LO HIZO.

POR SI NO TE LO HAN DICHO HOY:

Quiero que sepas lo increíblemente orgullosa que estoy de ti. Puede que en este momento no lo notes, pero estás poniendo todo tu empeño en cada paso que das. Te esfuerzas, incluso cuando parece que no tienes fuerzas para continuar.

Tu capacidad para preocuparte por los demás, a pesar de las veces que te han defraudado, es admirable. Sigues ofreciendo tu apoyo y tu amor, incluso cuando no siempre recibes lo mismo a cambio. Haces todo con amor, sin importarte los resultados.

A pesar de las decepciones, sigues adelante con una valentía que muchos envidiarían. Te levantas cada día y afrontas la vida con una sonrisa, sin dejar que los momentos difíciles apaguen tus ganas.

Por eso es importante que te tomes un momento para reconocer todo lo que has logrado y todo lo que eres. Eres una persona fuerte, amorosa y valiente, y mereces sentirte orgullosa de ti misma. A veces, la vida puede ser dura y no siempre conseguimos lo que queremos, pero tu esfuerzo y tu dedicación no pasan desapercibidos.

Así que, aunque los resultados no siempre sean los esperados, recuerda que tu valor no se mide por los éxitos inmediatos, sino por la constancia y la pasión con la que enfrentas cada día. Sigue adelante con la misma fuerza y amor que te caracterizan, porque lo estás haciendo increíble.

Y yo... estoy muy orgullosa de ti.

MI DOLOR NO LO CURÓ EL TIEMPO...

... MI DOLOR LO CURÓ DIOS.

UN MENSAJE DE DIOS
Especialmente para ti

No te desesperes ni intentes forzar los cambios. Confía en Mí y deja todo en mis manos. Mi tiempo para ti es perfecto, y nunca te abandonaré. Sé que es difícil, pero mantén la fe; todo se resolverá. Estoy abriendo las puertas del universo para ti, pero necesitas paciencia y confiar en mis planes.

Estoy siempre aquí cuando me necesites. Habla conmigo, porque siempre estoy escuchándote, incluso cuando sientes que estoy distante. Soy tu Padre y solo deseo lo mejor para ti. Sé que te duele, pero si he apartado algo de tu vida, es porque no era adecuado para ti. Tengo algo mejor preparado, pero lo bueno lleva su tiempo. No pierdas la esperanza ni te rindas, porque Yo estoy contigo y creo en tu fortaleza.

Apóyate en Mí, porque aunque puedas sentirte sola, estoy cuidándote y guiando cada paso que das. Confía en Mí y permite que Mi poder obre sobre tu vida.

Cápsulas para reflexionar
DIOS SIEMPRE ESTÁ CON NOSOTROS

Hay un versículo en la Biblia que dice que Dios le da sus batallas más difíciles a sus mejores guerreros. Este pensamiento nos recuerda que las luchas que enfrentamos a menudo pueden parecer imposibles de superar, así como David vio a Goliat, sin ninguna posibilidad aparente de librarnos y salir de pie. Y de la misma manera que David necesitó la ayuda de Dios para vencer a aquel gigante poderoso y aterrador, nosotros también necesitamos esa ayuda divina.

Las heridas profundas del corazón solo pueden ser sanadas por alguien que sabe cuál es el propósito de esas heridas, por alguien que conoce exactamente nuestro dolor, y el único es Dios. Él siempre estará allí para darnos las fuerzas y la guía que necesitemos. Aunque parezca que todo va de mal en peor y que nada es como queremos que sea, debemos recordar que sus planes son mucho mejores que los nuestros. Nunca serán para destruirnos ni hacernos sufrir. Siempre serán para enseñarnos, para mostrarnos el camino, para guiarnos hacia ese nuevo nivel al cual Él quiere que vayamos, pero para el cual quizás antes no estábamos preparados.

Dios conoce cada rincón de nuestro ser y entiende nuestras luchas más íntimas. Como el fabricante de nuestra existencia, Él sabe cómo reparar lo que está roto y fortalecer lo que está débil. Las batallas que enfrentamos no son castigos, sino oportunidades para crecer y fortalecernos.

En medio de la adversidad, podemos encontrar consuelo en la promesa de que no estamos solos. Dios está con nosotros, ofreciendo su amor incondicional y su apoyo constante. Su voz nos guía, sus señales nos muestran el camino, y su presencia nos da la fortaleza para seguir adelante, sin importar cuán insuperables puedan parecer los obstáculos.

Es fundamental escuchar su voz y prestar atención a sus señales. A veces, en el ruido de nuestras vidas, podemos perder de vista la dirección que Dios nos está señalando. Sin embargo, cuando nos detenemos y buscamos su guía, encontramos claridad y propósito. Sus planes, aunque a veces misteriosos y difíciles de entender, siempre están destinados a nuestro bien.

Recuerda que cada desafío que enfrentas es una oportunidad para acercarte más a Dios, para confiar más profundamente en su sabiduría y amor. Cada batalla es una lección, una preparación para el futuro que Él tiene reservado para ti. No te desanimes cuando las cosas no salen como esperabas. En lugar de eso, busca la mano de Dios, escucha su voz y confía en que Él está trabajando en tu vida de maneras que quizás no puedas ver en este momento.

Enfrentar nuestras luchas con la certeza de que Dios está a nuestro lado transforma nuestra perspectiva. Nos da la valentía de David, la fe para creer en lo imposible y la esperanza de que, con Dios, todas las cosas son posibles. Así que, en medio de tus batallas, recuerda que eres uno de sus mejores guerreros y que, con su ayuda, puedes vencer cualquier Goliat que se cruce en tu camino.

Capítulo 18
EL FINAL, A VECES, ES SOLO EL INICIO DE ALGO MEJOR.

Habían pasado dos meses desde el retiro en Alma de Mujer, y sin duda, la persona que entró en ese lugar no era la misma que salió de ahí. No voy a mentirles; el retiro me ayudó a comprender muchas cosas y a ver lo que me había sucedido desde otra perspectiva. Sin embargo, el proceso de sanación seguía siendo un trabajo diario. Ser consciente de ello me permitió aplicar todo lo que había aprendido en aquel viaje al centro de mí misma.

Comencé a caminar todos los días, mejoré mi alimentación y adopté nuevos hábitos, como incluir la lectura en mi rutina. También me aferré a la Biblia como mi guía. Empecé a escribir, transformando en palabras todas esas espinas que aún tenía clavadas dentro de mí. Me propuse aprender a controlar mis pensamientos. Sí, muchas veces intentaron sabotear mi proceso, y todavía lo intentan, pero he aprendido a quitarles el poder, reemplazándolos con pensamientos constructivos.

Había pasado más de un año desde mi separación, y aunque pensé que nunca lograría sentirme bien sin él, lo estaba logrando. Ya no esperaba su regreso ni pasaba el día pensando en él o en lo que estaba haciendo. Mi mente estaba enfocada en otras cosas, lo que me ayudó a comprender una verdad que siempre había escuchado, pero nunca había entendido hasta que la viví: «Una mente ocupada, no extraña». Creo que ahí radica uno de los secretos para superar una ruptura: enfocar tu mente en hacer cosas que ames, que te llenen, que te hagan sonreír.

Había olvidado todas las cosas que me gustaban, por lo que me tocó reinventarme y descubrir nuevas pasiones para no quedarme estancada. Empecé a emprender en pequeños proyectos y a crear contenido para las redes sociales que pudiera ayudar a los demás. Vencí mis limitaciones y el miedo al qué dirán, a las posibles burlas de quienes me conocían o de aquellos que pudieran burlarse de mi dolor. Lo hice no solo por mí, sino también por todas aquellas personas que necesitaban saber que entendía su dolor, haciéndoles sentir que no estaban solas y que, aunque creyeran que no iban a poder, sí lo lograrían. Lo hice porque, al igual que yo necesité apoyo y consuelo, quería ofrecerles una mano amiga que las acompañara en su proceso.

Pero a pesar de que ya estaba mucho mejor, todavía me faltaba superar la prueba de fuego: encontrarme con Héctor sin que eso removiera todo mi mundo otra vez.

¿Estaba lista para verlo?

No lo sabía, pero el momento de averiguarlo se acercaba.

Mi hija cumplía oficialmente sus diecinueve años y no me equivoqué al suponer que él estaría en la fiesta de celebración. Ese día lo vi entrar por la puerta, saludando a todos los presentes. Seré completamente honesta sobre lo que sentí cuando lo vi: lejanía. Sí, lo vi tan lejano, como cuando ves a alguien que hace mucho tiempo no ves y casi no puedes reconocerlo. No sé si era por el cambio en su manera de vestir o porque ya no causaba estragos dentro de mí, pero no sentí lo que esperaba. No había rencor, nostalgia, ni amor, ni nerviosismo. Todo dentro de mí se mantuvo calmado, en paz.

—¿Estás bien? —me preguntó Elena, con cierta preocupación.

Y yo solo sonreí.

Sonreí porque la Olivia de unos meses atrás habría tenido que mentir ante esa pregunta. Habría tenido que contener las lágrimas y fingir que estaba bien, cuando en realidad me moría por dentro. Pero ya no era el caso. Sonreí porque, de verdad estaba bien, y eso me llenó de una profunda felicidad.

Sin embargo, aún quedaba algo por hacer. Necesitaba darle el cierre correcto a mi historia. Y eso es lo que haría.

—¿Podemos hablar? —le dije a Héctor, que se encontraba hablando con uno de los invitados. Su mirada fue cuestionante, pero accedió.

—¿Qué sucede? —su pregunta salió con un tono defensivo.

—Solo quería entregarte esto. —Saqué una carta que le había hecho semanas atrás, en donde expresaba todo aquello que quería decirle, y que solo se la daría si al verlo, confirmaba todo lo que ahí había escrito. Pero antes de entregársela, algo dentro de mí me lo impidió, cambiando los planes por completo—. La idea era entregártela e irme, pero prefiero que lo escuches de mí.

—Olivia, no creo que sea el momento correcto —intentó detenerme, pero ya no había vuelta atrás. Necesitaba cerrar ese capítulo, y necesitaba escuchar en voz alta mis propias palabras como una reconfirmación de lo que había escrito.

Quería probarme a mí misma, saber que podía decirle todo lo que quería decirle, sin que eso me hiciera quebrarme.

—Seré breve —le aseguré antes de comenzar a leer la carta.

Para: La persona que un día fue todo para mí.
De: Alguien que aprendió a vivir sin ti.

No sé si alguna vez tendré el valor de entregarte esta carta, pero espero que cuando llegue ese momento, ya no me duelas como me estás doliendo hoy. Hay muchas cosas que no me atreví a decirte, y que quizá ya no tenga sentido decírtelas alguna vez, pero, desde que te fuiste, te extrañé cada noche y cada segundo del día. Me obligué de una y mil maneras a no llamarte, a no inventar excusas para acercarme o saber de ti, no quería molestarte o que llegaras a pensar que no podía vivir sin ti, pero esa era una verdad que no podía ocultar, aunque lo intentara. No sabía cómo vivir sin ti. Reconozco que llegué a odiarte, que el pecho se me apretaba cada vez que alguien me hablaba de ti, que la vida se hacía nada cuando te imaginaba compartiendo la tuya con alguien más. Que verte con otra persona me dolió tanto, que sentí que una parte de mí se desprendió por completo.

Me dolió que te fueras, dejándome con mil preguntas sin respuestas. Me dolió escuchar de otros lo bien que te veías, mientras yo apenas podía levantarme de la cama. Recordar nuestros planes y sueños, ahora convertidos en polvo. Me dolió tener que fingir que estaba bien, cuando en realidad cada día sin ti era un tormento.

Me rompió que no lucharas por nosotros, que pareciera que era tan fácil para ti seguir adelante. Ver cómo nuestras fotos juntos se convirtieron en recuerdos dolorosos que ya no podía mirar sin llorar. Me dolió que todo lo que construimos juntos se desvaneciera tan rápido.

Cada recuerdo, cada detalle de nuestra vida juntos, se convirtió en una espina que me lastimaba. Me dolió a muerte ver todas las promesas que me hiciste, y que nunca pudiste cumplir.

Pero, a pesar de todo el dolor, con el tiempo, he aprendido a vivir sin ti, a encontrar alegría en otras cosas y, sobre todo, a conocerme a mí misma. Me di cuenta de que mi felicidad no depende de ti, de que no podía poner esa carga en tus manos, porque todo lo que necesitaba, lo había tenido siempre oculto en mi interior. Ya no me atormento con preguntas sobre qué podría haber sido o qué hice mal. En lugar de eso, empecé a valorar lo que tenía y todo lo bueno que dejaste en mi vida.

No te culpo por lo que pasó, y tampoco me culpo a mí misma. Ahora entiendo que hay cosas que simplemente no están destinadas a ser, y eso está bien.

Hoy te agradezco por haberme soltado, porque gracias a tu valentía, pude abrir mis brazos y empezar a volar. Te agradezco todo lo que vivimos, porque sé que en algún momento fuimos, aunque ya no seamos ni seremos. Te agradezco por no quedarte cuando te lo pedí, por no regresar, porque gracias a tu partida, pude encontrarme conmigo misma.

No te guardo rencor, y aunque el dolor de nuestra separación siempre será una parte de mí, ya no me define. Deseo todo lo mejor para ti, y espero que encuentres la felicidad que no pudiste encontrar conmigo.

Esta carta es mi forma de cerrar este capítulo y de liberarnos de los restos de lo que fuimos, para que ambos podamos encontrar la felicidad que tanto nos merecemos.

Con cariño

Olivia M

Si sientes Miedo

es porque vas por el camino correcto.

RECUERDA SIEMPRE ESTO:

El amor sano y verdadero, no te hace sentir miserable. No te daña ni te destruye.

Entonces, si te sacaba más lágrimas que sonrisas, quiere decir que ahí no era.

El mayor acto de amor

Hoy solo quiero agradecerte
por dejarme ir, porque yo...
yo no hubiese podido irme nunca.

Ahora tengo la certeza de que apartarte de mí
fue el mayor acto de amor que pudiste hacerme.

O quizá fue la forma que Dios tuvo de decirme:

Siempre voy a querer lo mejor para ti.

La fe en Dios es lo único que te guiará en medio de la oscuridad, y la única que te dará la fuerza que necesitas para librar cualquier tormenta que quiera derrumbar tu mundo.

Recuerda:

No estás sola.
Él siempre está contigo.

NO TEMAS EMPEZAR DE NUEVO.
CADA VEZ QUE ALGO TERMINA,
MARCA EL COMIENZO DE ALGO
NUEVO Y MUCHO MEJOR QUE LO
QUE SE HA PERDIDO.

Volverás a amar

Es mentira que no vas a volver a enamorarte,
que no vas a volver a sentir lo mismo por alguien más,
ni que no vas a encontrar el amor que siempre has querido
y que no pudiste tener con esa persona.

Es mentira que no vas a volver a sonreír,
y a sentir mariposas en el estómago.

Porque sí va a suceder.

Vas a encontrar ese amor que tanto te mereces,
y no será igual, es verdad, y esa es la mejor parte,
porque será mucho mejor.

¿Sabes por qué?

Porque lo que pasó te ha preparado,
y te ha enseñado lo que realmente necesitas.

Te ha llevado a conocer más de ti misma,
a valorar cada pequeño detalle del amor real,
y a reconocer lo que realmente importa en una relación.

Así que cuando llegue ese amor,
será más profundo y verdadero,
porque habrás aprendido a quererte a ti misma primero,
y estarás preparada para recibir lo que realmente te mereces.

Capsulas para reflexionar
MAESTROS DE VIDA

¿Cómo podemos construir un proyecto de vida con alguien si nosotras mismas carecemos de los conocimientos necesarios para relacionarnos emocionalmente? Es necesario entender que la vida nos presenta personas y experiencias que, aunque causen caos, también nos ayudan a reconocer nuestras deficiencias y carencias.

Más que ver a estas personas como verdugos emocionales o las experiencias como simples fuentes de dolor, aprendamos a verlas como maestros de vida.

En lugar de sentirnos víctimas de nuestras circunstancias, debemos asumir la responsabilidad de nuestras emociones. Es fundamental aceptar que, al ser analfabetos emocionales, debemos enfrentar las consecuencias de nuestra falta de comprensión y madurez. Cada ser humano es un mundo con su propio inventario emocional, traumas y heridas sin sanar. No podemos esperar que aquellos que ya tienen sus propias batallas y problemas sean los encargados de nuestra felicidad.

Aprender a ser responsables de nuestras emociones y a sanar nuestras propias heridas nos permitirá construir relaciones más equilibradas y satisfactorias en el futuro, así como también, no dará la libertad de acercarnos a los demás no desde la necesidad o la carencia, sino desde un lugar de completa y saludable autonomía emocional.

Es esencial que cada una de nosotras tome el tiempo necesario para conocerse, sanar y crecer. Solo entonces podremos construir proyectos de vida que no solo incluyan a otros, sino que también fortalezcan nuestra relación con nosotras mismas. Al hacerlo, no solo mejoramos nuestra capacidad de amar y ser amadas, sino que también transformamos nuestras experiencias en verdaderas oportunidades de aprendizaje y crecimiento, recibiéndolas como lo que son: nuestros maestros de vida.

Capítulo 19
UN INICIO DESPUÉS DEL FINAL

Después de que te rompen, no vuelves a ser la misma. Nada vuelve a ser igual y empiezas a ver las cosas de otro modo. Pero solo tú decides si miras la vida a través del lente del dolor o si, por el contrario, empiezas a verla desde el aprendizaje que ese dolor dejó en tu vida.

Por mucho tiempo, una parte de mí intentó aferrarse con todas sus fuerzas a lo que amaba, hasta que se dio cuenta de que, por más que se esforzara o quisiera, ya no tenía de dónde sujetarse.

Por mucho tiempo, una parte de mí se moría de miedo al imaginar su vida sin esa persona, hasta que entendió que no volvería y no tuvo más remedio que enfrentar ese miedo y aprender a vivir con su ausencia.

Por mucho tiempo, una parte de mí lo odió con todas sus fuerzas, deseando que un día sintiera todo el dolor que me causó, hasta que el tiempo me enseñó que el perdón era lo único que podía liberarme de todo ese veneno que solo me dañaba a mí.

Por mucho tiempo, una parte de mí sintió que estaba estancada, que nunca podría avanzar, hasta que comprendió que podía seguir adelante, que podía volver a volar, incluso con las alas rotas.

Por mucho tiempo, una parte de mí no quería soltar y deseaba con todas sus fuerzas regresar a ese lugar que conocía. Hasta que un día comprendió que en ella habitaba todo lo que necesitaba para ser feliz, y que decir adiós, que soltar su mano, era la única forma de poder recibir todo lo que la vida tenía preparado para nosotras.

Por mucho tiempo, una parte de mí creyó que la felicidad se había desvanecido, que la sonrisa se había apagado para siempre, que el amor se convertiría en un extraño, ajeno a mí. Hasta que un día comprendió, que lo mejor... estaba por venir.

Era noviembre y hacía frío, pero podía sentir el sol quemar mis brazos. Era domingo, estaba sola, pero me sentía más acompañada que nunca. Tomaba un café conmigo misma, con esa nueva yo que ya no le temía ni a su soledad ni a mirar a su sombra, porque a ambas las había convertido en mi amiga. Cuando de pronto, una fuerte brisa se llevó con ella algunas de las páginas en donde estaba escribiendo este libro que tienes en tus manos.

Corrí en busca de ellas, recogiendo una a una las hojas que el viento había arrastrado, hasta que pude llegar a la última, pero alguien más la había alcanzado antes que yo.

—Hola —me dijo aquel hombre de sonrisa enorme y mirada triste, mientras sujetaba en sus manos una de mis hojas fugitivas.

Y después de ese día supe que hay encuentros que están destinados a suceder, que hay personas que no llegan a tu vida por casualidad, porque cada una viene a cumplir un rol importante en tu vida. Que cada encuentro con alguien más es una oportunidad para conocernos mejor, para descubrir partes de nosotras que quizás habíamos olvidado o nunca antes habíamos explorado. Que hay extraños que se coniverten en respuestas. Que hay inicios que alguna vez parecieron finales, y que hay personas rotas que, con cada uno de sus pedazos, intentarán sanar a otros. Después de ese día supe que hay personas que vienen a enseñarte que el amor no tiene que ser un extraño para ti, siempre y cuando no le permitas convertirte en una extraña para ti misma. Que te recuerdan que el amor no resta, no maltrata, no miente, no traiciona, no te corta las alas, no te aleja de tus sueños, sino que suma y saca lo mejor de ti. Pero, sobre todo, que el amor siempre empieza con nosotras mismas.

A veces Dios

no te dará lo que quieres,
no porque no lo merezcas,
sino porque solo Él sabe
que mereces mucho más
de lo que tú misma

crees merecer.

Me quedo con lo que soy

¿Renunciar a lo que soy
solo porque alguien no supo valorarme?

Nunca.

¿Sabes por qué?

Porque los amores van y vienen,
pero nuestra esencia,
siempre debe permanecer con nosotros,
por encima de lo que hagan los demás.

Empática

Amorosa

FUERTE

VALIENTE

Increíble

Bendecida

Creativa

SOY

GENEROSA

Bendecida

Talentosa

INTELIGENTE

HERMOSA

Honesta

Amable

GENEROSA

Cápsulas para reflexionar
NO TE CIERRES AL AMOR

Superar una infidelidad es difícil, pero enamorarte y confiar de nuevo en otra persona puede ser aún más complicado. Olvidar y comenzar de nuevo no sucede de la noche a la mañana. Necesitas tiempo para recuperarte y, en muchos casos, perdonar a quien te ha fallado para no acumular rencor ni resentimiento.

En la actualidad, las relaciones duraderas son cada vez menos comunes. La infidelidad está a la orden del día y parece ir normalizándose. No puedo asegurarte que al iniciar una nueva relación estarás exenta de repetir la misma experiencia dolorosa, pero depende de ti cómo enfrentarla si sucede otra vez. Depende de ti si permites que esa relación se convierta en tu centro, dejándote en el suelo otra vez, o si, por el contrario, te llenas de tanto amor propio que no permites que nadie vuelva a hacerte tocar fondo y destruir tu autoestima como ya lo hicieron una vez

Por eso, antes de iniciar una nueva relación, es crucial que te asegures de estar completamente sanada. De lo contrario, podrías repetir patrones o situaciones que te harán caer en el mismo ciclo vicioso. Pasar un tiempo a solas, conocerte a ti misma, saber lo que realmente quieres y, sobre todo, lo que no quieres, es determinante para tener éxito en una nueva relación y evitar enfrentar decepciones y tormentas nuevamente.

Aprende a disfrutar de tu propia compañía y no te preocupes demasiado si has pasado un tiempo sola. El amor llega cuando menos lo esperamos. Mientras tanto, disfruta tu momento y si te vuelves a enamorar y algo sale mal... así es la vida. No debemos tener miedo de sufrir otra decepción, porque tal vez esa sea la manera de encontrar a la persona con la que realmente serás feliz.

Y en caso contrario, siempre te tendrás a ti.

ESTE NO ES EL FIN DE NUESTRO VIAJE, SINO EL INICIO DE UNO MÁS INCREÍBLE

«No hay mal que por bien no venga», ese dicho siempre lo escuché desde que era niña, y en gran parte tiene mucho de cierto. Nada de lo que nos sucede, por más aterrador y devastador que parezca, jamás será para destruirnos. Nunca la oscuridad será tan densa como para resistirse al imponente sol de un bello amanecer. Lo mágico y hermoso de esta aventura que llamamos vida es la capacidad que tenemos de trascender y transformarnos a través del dolor, superando cada obstáculo, sanando cada herida y honrando nuestras cicatrices con la experiencia y sabiduría de alguien que fue roto y, a pesar de sus miedos a volver a ser lastimado, decidió levantarse y juntar todos sus pedazos para volver a empezar.

Las rupturas, aunque dolorosas, pueden ser el catalizador para un nuevo comienzo, una oportunidad para reencontrarnos con nosotros mismos y redescubrir nuestra propia fuerza. En esos momentos de oscuridad, cuando sentimos que todo se desmorona, es cuando más necesitamos recordar que cada amanecer trae consigo la promesa de un nuevo día y nuevas oportunidades.

El proceso de sanación no es lineal, y está bien tomarse el tiempo necesario para llorar y lamentar lo perdido. Pero también es fundamental recordar que dentro de cada uno de nosotros existe una resiliencia poderosa, una luz que nunca se apaga y que puede guiarnos hacia la recuperación y el crecimiento. Cada cicatriz que llevamos es testimonio de nuestra capacidad para sanar y aprender. Son marcas de nuestras batallas, pero también de nuestras victorias y de nuestra capacidad para reconstruirnos.

Aceptar el dolor y permitirnos sentirlo es el primer paso hacia la sanación. A través de esta aceptación, empezamos a liberar el rencor y el resentimiento, permitiendo que nuestra herida comience a cerrarse. En este camino, es crucial apoyarnos en aquellos que nos quieren y buscan nuestro bienestar. La compañía de amigos, familiares, y a veces profesionales, puede ser un faro en momentos de desesperanza.

Con el tiempo, la claridad llega. Empezamos a entender que cada final es, en realidad, un nuevo comienzo disfrazado. A medida que sanamos, descubrimos aspectos de nosotros mismos que quizás habíamos olvidado o nunca habíamos explorado. Redescubrimos pasatiempos, establecemos nuevos objetivos y aprendemos a disfrutar de nuestra propia compañía. Nos damos cuenta de que la felicidad no depende de otra persona, sino de nuestra capacidad para amarnos y cuidarnos.

Y entonces, cuando menos lo esperamos, la vida nos sorprende con nuevas oportunidades y conexiones. El amor, en todas sus formas, encuentra su camino de regreso a nosotros. Y si volvemos a enamorarnos y algo sale mal, recordamos que ya hemos superado tiempos difíciles antes y que estamos mejor equipados para enfrentar cualquier desafío que venga.

La verdadera magia de la vida radica en nuestra capacidad de levantarnos una y otra vez, más fuertes y más sabios. A través del dolor y la sanación, trascendemos nuestras experiencias pasadas y nos transformamos en versiones más auténticas de nosotros mismos. Así, honramos nuestras cicatrices y celebramos nuestra fortaleza, sabiendo que cada día es una nueva oportunidad para comenzar de nuevo y construir una vida que refleje nuestras verdaderas aspiraciones y sueños.

Gracias por acompañarme y permitirme formar parte de tu proceso. Por favor, no olvides que aquí estoy cada vez que me necesites. Puedes acudir a este libro siempre que te sientas sola, cuando sientas que estás a punto de recaer, o cuando te sientas perdida. Aquí estaré siempre para ti. Te abrazo en la distancia y me despido diciéndote que estoy inmensamente orgullosa de ti y de todo lo que has logrado y que creo en tu capacidad para seguir adelante con la certeza de que tienes todo lo necesario para construir la vida que deseas.

Mis deseos para ti:

Espero que a partir de ahora, tu mayor temor sea perderte a ti misma, en lugar de perder a alguien más.

Anhelo que dejes de ser tan dura contigo misma, y comiences a abrazar cada una de esas imperfecciones que te hacen única y especial.

Deseo que comprendas que el amor no se traduce en desinterés, humillaciones o inseguridades.

Que descubras que el amor auténtico es aquel que te eleva, te fortalece y te hace sentir completa en cada aspecto de tu ser.

Que aprendas a valorarte tanto como mereces.

Que desde ahora empieces a valorar el tiempo que le regalas a los demás, y no estés dispuesta a perderlo con nadie.

Que te elijas a ti cada día.

Que no permitas ser la duda ni la opción de nadie, porque ahora entiendes que eres un «sí a todo». Que eres certeza y prioridad.

Deseo que te vuelvas tu mayor fuente de amor y seguridad, y que te recuerdes siempre lo valiosa que eres.

AGRADECIMIENTOS

En primer lugar, agradezco al Supremo creador, quien estuvo siempre a mi lado en todo este proceso, cuando las fuerzas me fallaban Él nunca me faltó. Y fue Él quien me mostró la salida del abismo en el que me encontraba, enseñándome el camino hacia esta nueva etapa de mi vida. Sin su amor y misericordia no habría podido lograrlo.

Agradezco a mi hija Katherine por todo su apoyo incondicional, por motivarme a hacer este libro, y por acompañarme en todo el proceso. Agradezco a mis hijas, Kasandra y Katrina, y a mi madre, por ser mi motor para seguir adelante.

A todas las personas que me aman y me acompañaron sin preguntas incómodas ni cuestionamientos, que con prudente silencio respetaron mis cambios de ánimo y mis crisis de tristeza.

También le agradezco a él, por haber dado el paso de irse, porque de no haberlo hecho, yo nunca habría tenido la oportunidad de encontrarme conmigo misma, y sobre todo, jamás hubiera conocido a Dios.

A ti, por inspirarme a transformar mi dolor para que otros puedan hacerlo también. Es posible que tú seas una de esas personas con las que me encontré detrás de la pantalla de mi móvil, y mientras me reconocía en tu dolor, me motivé a querer extenderte la mano y ser ese abrazo que tanto hemos necesitado tú y yo. Gracias por abrir las puertas de tu corazón a este libro, y por darnos la oportunidad de hacer este viaje juntas hacia la mejor versión de nosotras mismas.

Yulibeth R. G

Salmos 31:14

Made in the USA
Columbia, SC
25 September 2024

43033969R00148